もくじ・学習の記録

【合格へのステップ】

3月

- 1・2年の復習
- 苦手教科の克服

苦手を見つけて早めに克服していこう！　国・数・英の復習を中心にしよう。

7月

- 3年夏までの内容の復習
- 応用問題にチャレンジ

夏休み中は**1・2年の復習**に加えて，3年夏までの内容をおさらいしよう。社・理の復習も必須だ。得意教科は応用問題にもチャレンジしよう！

9月

- 過去問にチャレンジ
- 秋以降の学習の復習

いよいよ過去問に取り組もう！できなかった問題は解説を読み，できるまでやりこもう。

12月

- 基礎内容に抜けがないかチェック！
- 過去問にチャレンジ
- 秋以降の学習の復習

基礎内容を確実にすることは，入試本番で点数を落とさないために大事だよ。

本番！

入試までの勉強法

【本書の使い方と特長】

はじめに

高校入試問題のおよそ７割は，中学１・２年の学習内容から出題されています。
そこから苦手なものを早いうちに把握して，計画的に勉強していくことが，
入試対策の重要なポイントになります。
本書は必ずおさえておくべき内容を１日４ページ・10日間で学習できます。

ステップ１

漢字・文法などの知識，文章読解などの分野別に，基本事項を確認しよう。
自分の得意・不得意な内容を把握しよう。

問題に関する情報や知識を下の脚注で確認しよう。

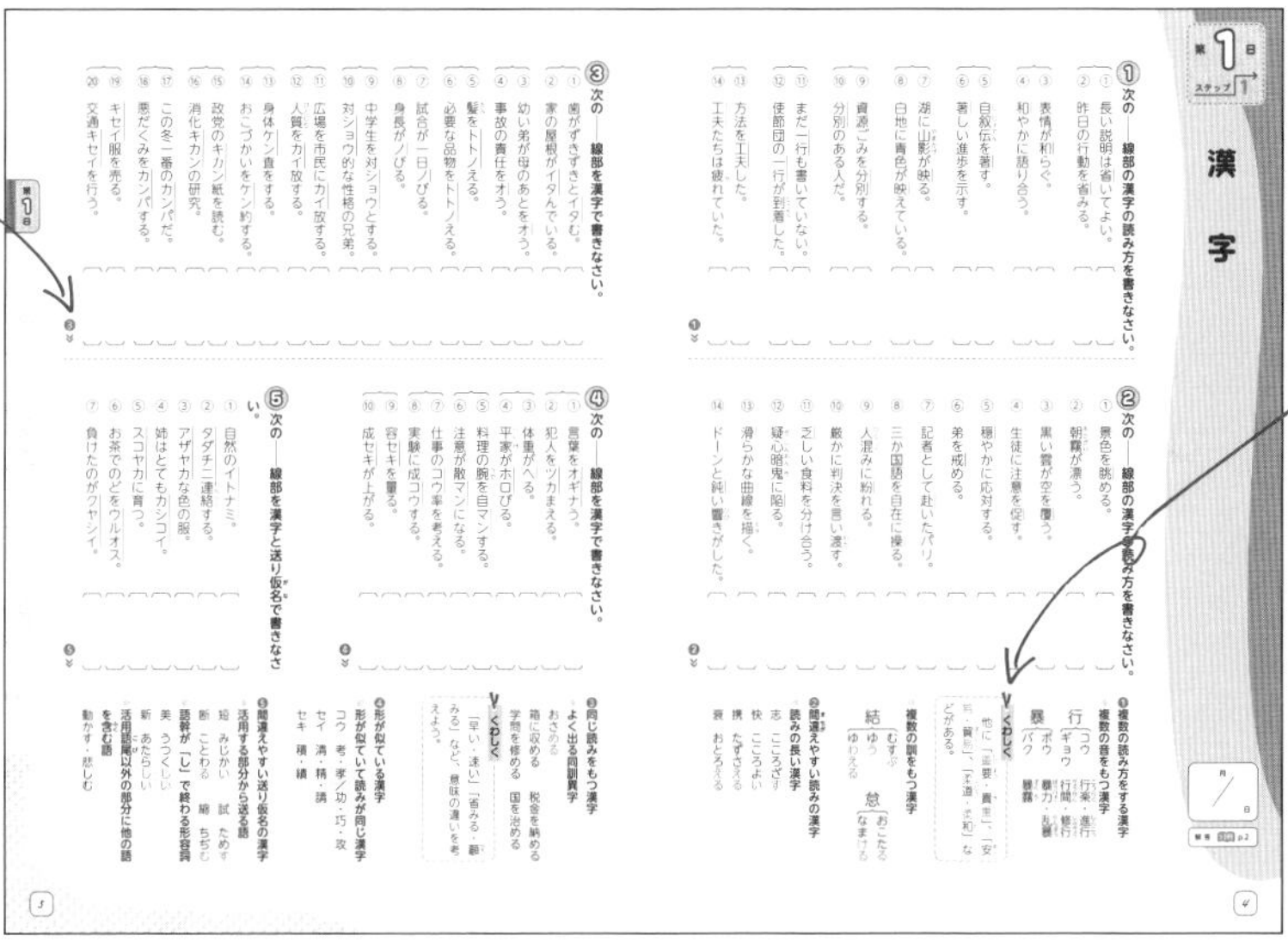

くわしく
重要事項を整理して，マスターしよう。

ここに注意
間違えやすいポイントなので，確認しておこう。

ステップ２

制限時間と配点がある演習問題で，ステップ１の内容が身についたか確認しよう。
UP の問題もできると更に得点アップ！

高校入試準備テスト

実際の公立高校の入試問題で力試しをしよう。
制限時間と配点を意識しよう。

別冊解答

入試につながる で入試によく出る問題形式や傾向・対策，
得点アップのアドバイスを確認しよう。
パワーアップ でさらに関連事項を確認しよう。

わからない問題に時間をかけすぎずに，解答と解説を読んで理解して，もう一度復習しよう。

無料動画については裏表紙をチェック

第1日 ステップ1

漢字

1 次の――線部の漢字の読み方を書きなさい。

① 長い説明は省いてよい。（　　）
② 昨日の行動を省みる。（　　）
③ 表情が和らぐ。（　　）
④ 和やかに語り合う。（　　）
⑤ 自叙伝《じじょでん》を著す。（　　）
⑥ 著しい進歩を示す。（　　）
⑦ 湖に山影《やまかげ》が映る。（　　）
⑧ 白地に青色が映えている。（　　）
⑨ 資源ごみを分別する。（　　）
⑩ 分別のある人だ。（　　）
⑪ まだ一行も書いていない。（　　）
⑫ 使節団の一行が到着《とうちゃく》した。（　　）
⑬ 方法を工夫した。（　　）
⑭ 工夫たちは疲《つか》れていた。（　　）

❶≫

2 次の――線部の漢字の読み方を書きなさい。

① 景色を眺める。（　　）
② 朝霧《あさぎり》が漂う。（　　）
③ 黒い雲が空を覆う。（　　）
④ 生徒に注意を促す。（　　）
⑤ 穏やかに応対する。（　　）
⑥ 弟を戒める。（　　）
⑦ 記者として赴いたパリ。（　　）
⑧ 三か国語を自在に操る。（　　）
⑨ 人混《ひとご》みに紛れる。（　　）
⑩ 厳かに判決を言い渡《わた》す。（　　）
⑪ 乏しい食料を分け合う。（　　）
⑫ 疑心暗鬼《ぎしんあんき》に陥る。（　　）
⑬ 滑らかな曲線を描《えが》く。（　　）
⑭ ドーンと鈍い響《ひび》きがした。（　　）

❷≫

❶ 複数の読み方をする漢字

● 複数の音をもつ漢字

行 ｛コウ　行楽《こうらく》・進行《しんこう》
　 ｛ギョウ　行間《ぎょうかん》・修行《しゅぎょう》

暴 ｛ボウ　暴力《ぼうりょく》・乱暴《らんぼう》
　 ｛バク　暴露《ばくろ》

くわしく 他に「重要《じゅうよう》・貴重《きちょう》」、「安易《あんい》・貿易《ぼうえき》」、「柔道《じゅうどう》・柔和《にゅうわ》」などがある。

● 複数の訓をもつ漢字

結 ｛むすぶ／ゆう／ゆわえる

怠 ｛おこたる／なまける

❷ 間違《まちが》えやすい読みの漢字

● 読みの長い漢字

志　こころざす
快　こころよい
携　たずさえる
衰　おとろえる

月　／　日

解答 別冊 p.2

❸ 次の——線部を漢字で書きなさい。

① 歯がずきずきとイタむ。
② 家の屋根がイタんでいる。
③ 幼い弟が母のあとをオう。
④ 事故の責任をオう。
⑤ 髪《かみ》をトトノえる。
⑥ 必要な品物をトトノえる。
⑦ 試合が一日ノびる。
⑧ 身長がノびる。
⑨ 中学生を対ショウとする。
⑩ 対ショウ的な性格の兄弟。
⑪ 広場を市民にカイ放する。
⑫ 人質《ひとじち》をカイ放する。
⑬ 身体ケン査をする。
⑭ おこづかいをケン約する。
⑮ 政党のキカン紙を読む。
⑯ 消化キカンの研究。
⑰ この冬一番のカンパだ。
⑱ 悪だくみをカンパする。
⑲ キセイ服を売る。
⑳ 交通キセイを行う。

❹ 次の——線部を漢字で書きなさい。

① 言葉をオギナう。
② 犯人をツカまえる。
③ 体重がへる。
④ 平家《へいけ》がホロびる。
⑤ 料理の腕《うで》を自マンする。
⑥ 注意が散マンになる。
⑦ 仕事のコウ率を考える。
⑧ 実験に成コウする。
⑨ 容セキを量る。
⑩ 成セキが上がる。

❺ 次の——線部を漢字と送り仮名《がな》で書きなさい。

① 自然のイトナミ。
② タダチニ連絡《れんらく》する。
③ アザヤカな色の服。
④ 姉はとてもカシコイ。
⑤ スコヤカに育つ。
⑥ お茶でのどをウルオス。
⑦ 負けたのがクヤシイ。

❸同じ読みをもつ漢字

よく出る同訓異字

おさめる
箱に収める　税金を納める
学問を修める　国を治める

くわしく
「早い・速い」「省みる・顧《かえり》みる」など、意味の違いを考えよう。

❹形が似ている漢字

形が似ていて読みが同じ漢字

コウ　考・孝／功・巧・攻
セイ　清・精・請
セキ　積・績

❺間違えやすい送り仮名の漢字

活用する部分から送る語

短　みじかい　試　ためす
断　ことわる　縮　ちぢむ

語幹が「し」で終わる形容詞

美　うつくしい
新　あたらしい

活用語尾《ごび》以外の部分に他の語を含《ふく》む語

動かす・悲しむ

第1日 ステップ2

漢字

復習完成テスト

時間 20分　目標 80点

得点　　点

解答 別冊 p.2

1 次の——線部の漢字の読み方を書きなさい。 16点（各1点）

① 妹がピアノを弾いている。
② 雪山を見上げて心が弾む。
③ 恐怖《きょうふ》で心が凍りついた。
④ 寒さで手足が凍える。
⑤ 自転車の二人乗りは危ない。
⑥ 危ういところで助かった。
⑦ 日本髪《にほんがみ》を結う。
⑧ スニーカーのひもを結ぶ。
⑨ 庭の雑草をぬく。
⑩ 雑木林を散歩する。
⑪ 今回の計画は規模が大きい。
⑫ 模型飛行機の大会に出る。
⑬ かつお漁が始まった。
⑭ 数か月の遠洋漁業に出る。
⑮ 不動産屋が大家を兼《か》ねている。
⑯ 俳壇《はいだん》の大家と面談する。

2 次の——線部の漢字の読み方を書きなさい。 32点（各2点）

① 道幅《みちはば》を狭める。
② 大きな荷物を抱えている。
③ いたずらな子どもを優《やさ》しく諭す。
④ 体力の衰えを感じた。
⑤ 料金の支払《しはら》いが滞るようになった。
⑥ 天敵を欺くため体の色を変える。
⑦ すっかり機嫌《きげん》を損ねてしまった。
⑧ 思わず天を仰ぐ。
⑨ 彼《かれ》とは相性が悪い。
⑩ 多くの情報から取捨する。
⑪ 緩慢なプレーで失点した。
⑫ 激しい口調で抗議《こうぎ》する。
⑬ 石をたたいて粉砕する。
⑭ 近代文学の不朽の名作と言われる。
⑮ 麦の穂先がゆれる。
⑯ 素顔の彼女《かのじょ》はとても親しみやすい。

3 **次の――線部を漢字で書きなさい。** 28点（各2点）

① 東京駅にツいた。
② 大臣の位にツいた。
③ 交通手段がタたれた。
④ 隣国《りんごく》との関係をタつ。
⑤ 夕日にハえる塔《とう》。
⑥ 新芽がハえてくる。
⑦ 進む方向をアヤマる。
⑧ 「ごめんね。」とアヤマる。
⑨ 病気がカイホウに向かう。
⑩ 病人をカイホウする。
⑪ シュウシュウがつかない混乱状態。
⑫ 情報をシュウシュウする。
⑬ いつもの自慢話《じまんばなし》にヘイコウする。
⑭ 二つの意見はヘイコウ線のままだ。

4 **次の――線部を漢字で書きなさい。** 14点（各1点）

① 欲望をオサえる。
② 弟をムカえに行く。
③ この土地にはエンがある。
④ 美しいミドリの大地。
⑤ 勝ってかぶとのオをしめる。
⑥ 中東ショ国を訪問する。
⑦ 食生活がカタヨる。
⑧ 普《ふ》ヘン的な問題を討議する。
⑨ キ本的な力をつける。
⑩ 開マクを告げるベルが鳴る。
⑪ どろぼうが、窓からシン入してきた。
⑫ 昨夜の大雨で、床下《ゆかした》までシン水した。
⑬ りんごの収カクで忙《いそが》しい。
⑭ 町に出てきたクマを捕《ほ》カクする。

UP **5** **次の――線部を漢字と送り仮名で書きなさい。** 10点（各1点）

① 法律をアラタメル。
② お話をウケタマワル。
③ 荷物をアズケル。
④ 看護師をココロザス。
⑤ 反対意見をシリゾケル。
⑥ 駅前がサカエル。
⑦ 母に反抗したことをクイル。
⑧ 会社の経営がカタムク。
⑨ 荒《あ》れ地《ち》をタガヤス。
⑩ 冷蔵庫で飲み物をヒヤス。

熟語

❶ 次の熟語の構成にあてはまるものをあとから選び、記号で答えなさい。

① 通行〔　　〕　② 勝敗〔　　〕
③ 近所〔　　〕　④ 消火〔　　〕
⑤ 公立〔　　〕　⑥ 歌手〔　　〕
⑦ 往復〔　　〕　⑧ 乗船〔　　〕
⑨ 出発〔　　〕　⑩ 腹痛〔　　〕
⑪ 寒冷〔　　〕　⑫ 地震《じしん》〔　　〕
⑬ 高低〔　　〕　⑭ 食事〔　　〕
⑮ 転校〔　　〕　⑯ 船出〔　　〕

ア 上の漢字が主語、下の漢字が述語の関係になるもの。
イ 上の漢字が下の漢字を修飾《しゅうしょく》する関係になるもの。
ウ 下の漢字が、上の漢字の目的や対象を示す関係になるもの。
エ 二つの漢字の意味が似ているもの。
オ 二つの漢字の意味が対《つい》になるもの。

❶≫

❷ 次の熟語の構成にあてはまるものをあとから選び、記号で答えなさい。

① 博物館〔　　〕　② 旅日記〔　　〕
③ 雪月花〔　　〕　④ 映画館〔　　〕
⑤ 低学年〔　　〕　⑥ 上中下〔　　〕
⑦ 案内状〔　　〕　⑧ 陸海空〔　　〕
⑨ 肖像画《しょうぞうが》〔　　〕　⑩ 軽音楽〔　　〕

ア 三つの漢字が対等の関係で並んでいる。
イ 上一字の漢字と下二字の熟語に分かれる。
ウ 上二字の熟語と下一字の漢字に分かれる。

❷≫

❸ 次の二字熟語を打ち消す意味の三字熟語になるように、接頭語をあとから選び、記号で答えなさい。

①〔　　〕都合　②〔　　〕解決
③〔　　〕責任　④〔　　〕常識
⑤〔　　〕完成　⑥〔　　〕開発
⑦〔　　〕制限　⑧〔　　〕自然

❶二字熟語の構成

- **意味が似ている漢字の組み合わせ**
  愉快《ゆかい》・欲望・阻止《そし》・終了《しゅうりょう》
- **意味が対になる漢字の組み合わせ**
  増減・遠近・真偽《しんぎ》・取捨
- **上の漢字が下の漢字を修飾する関係**
  晴天(晴れた天)・老人(老いた人)・鉄橋(鉄の橋)・海藻《かいそう》(海の藻《も》)
- **下の漢字が上の漢字の目的や対象を示す関係**
  登山(山に登る)・発言(言を発する)・読書(書を読む)・閉会(会を閉じる)
- **主語と述語の関係**
  民営(民が営む)・年長(年が長い)・人造(人が造る)・雷鳴《らいめい》(雷《かみなり》が鳴る)

❷三字熟語の構成

月／日

解答 別冊 p.3

⑨〔　　〕公式　⑩〔　　〕条件

ア 不　イ 非　ウ 無　エ 未

❸≫

④ 次の二字熟語が三字熟語になるように、接《せつ》尾《び》語をあとから選び、記号で答えなさい。

① 自由〔　　〕　② 簡素〔　　〕
③ 温暖〔　　〕　④ 効果〔　　〕
⑤ 可能〔　　〕　⑥ 安全〔　　〕
⑦ 衝撃《しょうげき》〔　　〕　⑧ 協力〔　　〕

ア 化　イ 性　ウ 的

❹≫

⑤ 次の熟語の対義語をあとから選び、記号で答えなさい。

① 絶対⇔〔　　〕　② 直接⇔〔　　〕
③ 同質⇔〔　　〕　④ 起点⇔〔　　〕
⑤ 主体⇔〔　　〕　⑥ 受動⇔〔　　〕
⑦ 楽観⇔〔　　〕　⑧ 有限⇔〔　　〕
⑨ 必然⇔〔　　〕　⑩ 積極⇔〔　　〕

ア 客体　イ 相対　ウ 悲観
エ 無限　オ 終点　カ 消極
キ 異質　ク 間接　ケ 偶然《ぐうぜん》
コ 能動

❺≫

⑥ 次の熟語の読み方にあてはまるものをあとから選び、記号で答えなさい。

① 期間〔　　〕　② 仕事〔　　〕
③ 星空〔　　〕　④ 台所〔　　〕
⑤ 布地〔　　〕　⑥ 行列〔　　〕
⑦ 背骨〔　　〕　⑧ 身分〔　　〕

ア 二字とも音読みの熟語。
イ 二字とも訓読みの熟語。
ウ 上が訓読み、下が音読みの熟語。
エ 上が音読み、下が訓読みの熟語。

❻≫

⑦ 次の〔　〕に漢数字を入れて四字熟語を完成させ、その意味をあとから選び、記号で答えなさい。

① 〔　　〕苦〔　　〕苦　〔　　〕
② 再〔　　〕再〔　　〕　〔　　〕
③ 〔　　〕進〔　　〕退　〔　　〕
④ 〔　　〕転〔　　〕倒《とう》　〔　　〕

ア よくなったり悪くなったりすること。
イ 非常に苦しむこと。
ウ 何度も。
エ 苦しみのあまり、転げ回ること。

❼≫

・**漢字一字の言葉を並べたもの**
市町村・松竹梅・序破急
・**漢字一字の言葉と漢字二字の言葉の組み合わせ**
親孝行・初対面・諸問題
・**漢字二字の言葉と漢字一字の言葉の組み合わせ**
裁判所・影響力《えいきょうりょく》・案内書

❸**接頭語が付いた熟語**　●○○
❹**接尾語が付いた熟語**　○○●

❺**一字が共通する対義語**
満足⇔不満　登校⇔下校

❻**熟語の読み方**
・**重箱《ジュウばこ》読み**　「音＋訓」の熟語
・**湯桶《ゆトウ》読み**　「訓＋音」の熟語

くわしく
熟字訓…ひとまとまりの言葉として読む熟語。
博士《はかせ》・眼鏡《めがね》・七夕《たなばた》・果物《くだもの》

❼**四字熟語の構成**
「二字熟語＋二字熟語」が多い。上下の構成は二字熟語の構成と同じと考えてよい。

復習完成テスト

時間 20分　目標 80点

得点　　点

解答 別冊 p.3

1 次の熟語の構成と同じものをそれぞれあとから選び、記号で答えなさい。 5点(各1点)

① 紅白〔　〕　ア 国外　イ 交通　ウ 賛否　エ 出場

② 表面〔　〕　ア 街道《かいどう》　イ 表裏《ひょうり》　ウ 飲食　エ 気化

③ 入選〔　〕　ア 前進　イ 帰宅　ウ 長男　エ 知識

④ 柔和《にゅうわ》〔　〕　ア 不備　イ 晴天　ウ 燃焼　エ 歯痛

⑤ 県立〔　〕　ア 沈没《ちんぼつ》　イ 国民　ウ 骨折　エ 登校

2 次の□にあてはまる打ち消しの接頭語をあとから選び、記号で答えなさい。 8点(各1点)

① □足を補う。〔　〕　② □地の着物。〔　〕

③ 十歳《さい》□満の子。〔　〕　④ 犯行を□認《にん》する。〔　〕

⑤ □利な証拠《しょうこ》。〔　〕　⑥ □人の踏切《ふみきり》。〔　〕

⑦ □習の漢字。〔　〕　⑧ 提案を□決する。〔　〕

ア 不　イ 未　ウ 無　エ 否

3 次の□にあてはまる漢字をあとから選び、記号で答えなさい。 8点(各1点)

① 平□と構える。〔　〕　② 劇□な結末。〔　〕

③ 端《たん》□に表す。〔　〕　④ 理□ある行動。〔　〕

⑤ 鉄が劣《れっ》□する。〔　〕　⑥ 公□と姿を現す。〔　〕

⑦ 行為《こうい》を美□する。〔　〕　⑧ 適□をみる。〔　〕

ア 然　イ 化　ウ 性　エ 的

4 次の三字熟語の構成と同じものをあとから三つずつ選び、記号で答えなさい。 9点(各1点)

① 真善美〔　〕〔　〕〔　〕

② 風景画〔　〕〔　〕〔　〕

③ 食生活〔　〕〔　〕〔　〕

ア 新体操　イ 投票箱　ウ 天地人

エ 松竹梅　オ 門外漢　カ 別天地

キ 県知事　ク 想像力　ケ 市町村

5 次の□にあてはまる打ち消しの接頭語をあとから選び、記号で答えなさい。 8点(各1点)

① □本意〔　〕　② □義理〔　〕

③ □成年（　）（　）
④ □常□（　）（　）
⑤ □慈悲《じひ》（　）（　）
⑥ □確認（　）（　）
⑦ □抵抗《ていこう》（　）（　）
⑧ □協力（　）（　）

ア 不　イ 未　ウ 無　エ 非

6 次の読み方にあてはまる熟語をあとから二つずつ選び、記号で答えなさい。

20点（各2点）

① 上も下も音読みをするもの。（　）（　）
② 上も下も訓読みをするもの。（　）（　）
③ 上下を音読み・訓読みの両方で読めるもの。（　）（　）
④ 上を音読み、下を訓読みするもの。（　）（　）
⑤ 上を訓読み、下を音読みするもの。（　）（　）

ア 青空　イ 開店　ウ 草原　エ 本箱　オ 番組
カ 希少　キ 手本　ク 牧場　ケ 夕刊　コ 口紅

7 次の――線部の熟字訓の読み方を書きなさい。

16点（各2点）

① 芝生で遊ぶ。（　）
② 田舎へ帰る。（　）
③ 土産を買う。（　）
④ 息子と出かける。（　）
⑤ 心地よい眠《ねむ》り。（　）
⑥ 梅雨の季節。（　）
⑦ 満面の笑顔。（　）
⑧ 風邪をひく。（　）

8 次の熟語の対義語となるように、□にあてはまる漢字を書きなさい。

10点（各1点）

① 開会⇔□会（　）
② 先端《せんたん》⇔□端（　）
③ 重視⇔□視（　）
④ 鈍感《どんかん》⇔□感（　）
⑤ 肯定《こうてい》⇔□定（　）
⑥ 収入⇔□出（　）
⑦ 上昇《じょうしょう》⇔□降（　）
⑧ 横断⇔□断（　）
⑨ 高尚《こうしょう》⇔□俗《ぞく》（　）
⑩ 親密⇔□遠（　）

9 次の二字熟語にあとの二字熟語を組み合わせて、四字熟語を完成させなさい。

8点（各1点）

① 満場（　）
② 完全（　）
③ 創意（　）
④ 半信（　）
⑤ 栄枯《えいこ》（　）
⑥ 奇想《きそう》（　）
⑦ 絶体（　）
⑧ 喜怒《きど》（　）

ア 無欠　イ 一致《いっち》　ウ 半疑　エ 盛衰《せいすい》
オ 絶命　カ 工夫《くふう》　キ 天外　ク 哀楽《あいらく》

10 次の四字熟語の構成と同じものをそれぞれあとから選び、記号で答えなさい。

8点（各2点）

① 行方不明《ゆくえふめい》（　）
② 春夏秋冬（　）
③ 駅前広場（　）
④ 優柔不断《ゆうじゅうふだん》（　）

ア 校内放送　イ 粉骨砕身《ふんこつさいしん》　ウ 晴耕雨読
エ 起承転結　オ 大願成就《たいがんじょうじゅ》

語句

① 次の――線部の敬語の種類をア～エから選び、同じなかまの敬語をオ～シから二つずつ選んで、それぞれ記号で答えなさい。

① 先生がロビーにお見えになった。（　）・（　）（　）
② こちらからご挨拶《あいさつ》にうかがいます。（　）・（　）（　）
③ 明日は晴れるでしょう。（　）・（　）（　）
④ お茶碗《ちゃわん》を出しておいてね。（　）・（　）（　）

ア 尊敬語　イ 謙譲語《けんじょうご》
ウ 丁寧語《ていねいご》　エ 美化語

オ お風呂《ふろ》　カ いらっしゃる
キ ご飯　ク 拝見する
ケ ご出席　コ お届けする
サ ます　シ です

❶

② 次の――線部を、〈　〉内の指示に従って書き直しなさい。

① ご注文は何にしますか。〈尊敬語に直す〉（　）
② 注文を聞きます。〈謙譲語に直す〉（　）
③ 明日、そちらへ行きます。〈謙譲語に直す〉（　）
④ この本を見てください。〈尊敬語に直す〉（　）
⑤ このクッキー、食べていいですか。〈謙譲語に直す〉（　）

❷

③ 次の敬語の種類をあとから選び、記号で答えなさい。

① おたずねになる（　）
② お呼びする（　）
③ ご連絡《れんらく》する（　）
④ お越《こ》しになる（　）

❶敬語の種類

- **尊敬語**　相手または第三者を高めて、その動作・状態を述べる表現。
- **謙譲語Ⅰ**　自分から相手または第三者に向かう行為《こうい》・物事などをへりくだって述べる表現。
- **謙譲語Ⅱ**　自分の行為・物事などを、聞き手や読み手に対して丁重に述べる表現。
- **丁寧語**　聞き手や読み手に対して丁寧に述べる表現。
- **美化語**　物事を美化して述べる表現。

※丁寧語と美化語を合わせて、丁寧語と呼ぶことが多い。

❷特別な動詞を使う敬語

- 「言う」の場合
おっしゃる（尊敬語）
申し上げる（謙譲語Ⅰ）
申す（謙譲語Ⅱ）

月　／　日

解答 別冊 p.4

⑤ ご連絡くださる 〔　　〕
⑥ ご出席いただく 〔　　〕

ア 尊敬語　イ 謙譲語

❸≫

④ 次の――線部の意味をあとから選び、記号で答えなさい。

① かたい木で作った机。 〔　　〕
② この城の守りはかたい。 〔　　〕
③ 部長は頭がかたい。 〔　　〕
④ 緊張《きんちょう》のあまり、動きがかたい。 〔　　〕
⑤ すいかを割る。 〔　　〕
⑥ 賛成票が過半数を割る。 〔　　〕
⑦ ウィスキーを水で割る。 〔　　〕
⑧ 犯人が口を割る。 〔　　〕

ア しっかりしている。　イ ぎこちない。
ウ 強くて丈夫《じょうぶ》だ。　エ 融通《ゆうずう》がきかない。
オ 薄《うす》める。　カ 下まわる。
キ いくつかに分ける。　ク 白状する。

❹≫

⑤ 次の文の〔　〕にあてはまる体の一部の名前を漢字で書きなさい。

① 母は、いつも弟の〔　　〕をもつ。
② 父の帰りを、〔　　〕を長くして待つ。

③ 弟のいたずらは、〔　　〕に負えない。
④ 〔　　〕から火が出るほど恥《は》ずかしかった。
⑤ 金持ちであることを〔　　〕にかける。

❺≫

⑥ 次のことわざの〔　〕にあてはまる漢字一字を書きなさい。

① 馬の〔　　〕に念仏
② 弘法《こうぼう》も〔　　〕の誤り
③ 石の上にも〔　　〕年
④ 医者の〔　　〕養生《ようじょう》
⑤ さるも〔　　〕から落ちる

❻≫

⑦ 次の熟語の対義語をあとから選び、記号で答えなさい。

① 自然⇔〔　　〕
② 生産⇔〔　　〕
③ 保守⇔〔　　〕
④ 単純⇔〔　　〕
⑤ 利益⇔〔　　〕
⑥ 寒冷⇔〔　　〕

ア 複雑　イ 革新　ウ 人工
エ 温暖　オ 消費　カ 損失

❼≫

❸接頭語表現の敬語

●尊敬語
お読みになる

くわしく
和語の動詞は「お」、漢語やサ変動詞は「ご」が付く。

●謙譲語Ⅰ
お読みする

❹多義語
一つの語で多くの意味、関連する意味をもつ語。
甘《あま》いケーキ。甘いささやき。
子どもに甘い親。最後の詰《つ》めが甘い。

❺慣用句・❻ことわざ
二つ以上の語を組み合わせて新しい意味になった決まり文句を**慣用句**、昔からの教えやいましめなどを含《ふく》んだ言葉を**ことわざ**という。

❼全体で反対の意味になる対義語
集合⇔解散　安全⇔危険

復習完成テスト

時間 20分 目標 80点

得点　　点

解答 別冊 p.4

1 次の文の――線部に使われている敬語の種類をあとから選び、記号で答えなさい。 6点（各1点）

① その品物です。（　　）
② 成田《なりた》国際空港を夜の便で出発されるそうだ。（　　）
③ あと十分少々で東京に着きます。（　　）
④ 大臣に申し上げたいことがあります。（　　）
⑤ 午後はご自宅にいらっしゃいますか。（　　）
⑥ もしもし、こちらはみなみ銀行でございます。（　　）

ア 尊敬語　イ 謙譲《けんじょう》語　ウ 丁寧《ていねい》語

2 次の〈 〉の言葉を、適切な敬語に直しなさい。 10点（各2点）

① 明日、父が学校に〈行き〉ます。（　　）
② 大統領がおしのびで〈来る〉そうよ。（　　）
③ お客様が仕事を〈する〉部屋です。（　　）
④ おかげでゆっくりとお話を〈聞く〉ことができました。（　　）
⑤ 社長には事情を〈言う〉つもりです。（　　）

3 尊敬語と謙譲語になるように、次の名詞の上に付ける言葉をあとから選び、記号で答えなさい。 16点（各2点）

〈尊敬語〉 ① 社（　　）　② 父（　　）　③ 住所（　　）　④ 体（　　）

〈謙譲語〉 ⑤ 社（　　）　⑥ 品（　　）　⑦ 文（　　）　⑧ 考（　　）

ア 尊　イ 拙《せつ》　ウ 粗《そ》　エ 貴　オ ご　カ お　キ 弊《へい》　ク 愚《ぐ》

4 次の――線部に共通する言葉を、平仮名《ひらがな》で書きなさい。 8点（各2点）

① 肩《かた》すかしを――。　大目玉を――。　締《し》め出しを――。（　　）
② 皿を――。　辛酸《しんさん》を――。　世の中を――。（　　）
③ 痛みが――。　むしずが――。　金策に――。（　　）
④ 要求を――。　涙《なみだ》を――。　波が船を――。（　　）

5 次の――線部の慣用句の使い方が正しいものには○、誤っているものには×を付けなさい。

12点（各2点）

① 〔　〕環境《かんきょう》問題が出題されるだろうと山をかけたんだ。

② 〔　〕弟の無事を聞いて胸をなでおろした。

③ 〔　〕意外に高価だったので、あごを出してしまった。

④ 〔　〕先生の説明を聞いて、目から鼻へ抜《ぬ》ける思いがした。

⑤ 〔　〕相手が年下だと思って高をくくると、ひどい目にあうぞ。

⑥ 〔　〕歯が立たないようなお世辞を言われてもうれしくない。

6 次のことわざと同じような意味をもつ熟語をあとからそれぞれ選び、記号で答えなさい。

12点（各2点）

① 渡《わた》る世間に鬼《おに》はない　〔　〕
ア 平等　イ 疑心　ウ 人情　エ 権力

② 急がば回れ　〔　〕
ア 丁寧　イ 平和　ウ 確実　エ 趣味《しゅみ》

③ 猫《ねこ》に小判　〔　〕
ア 矛盾《むじゅん》　イ 金満　ウ 無味　エ 無意味

④ 石橋をたたいて渡る　〔　〕
ア 慎重《しんちょう》　イ 根性　ウ 知恵《ちえ》　エ 技術

⑤ 好きこそ物の上手なれ　〔　〕
ア 下手　イ 指導　ウ 上達　エ 芸術

⑥ のれんに腕《うで》押《お》し　〔　〕
ア 偏見《へんけん》　イ 不安　ウ 無気力　エ 無反応

7 次の熟語の対義語を書きなさい。

24点（各2点）

① 正常⇔〔　〕　② 供給⇔〔　〕

③ 拡大⇔〔　〕　④ 許可⇔〔　〕

⑤ 理想⇔〔　〕　⑥ 部分⇔〔　〕

⑦ 安心⇔〔　〕　⑧ 開始⇔〔　〕

⑨ 原則⇔〔　〕　⑩ 成功⇔〔　〕

⑪ 復習⇔〔　〕　⑫ 原因⇔〔　〕

8 次の各グループの中で、意味の似ている熟語を二つ選び、書きなさい。

12点（完答各2点）

① 信念・念願・残念・無念・念力　〔　・　〕

② 利用・活用・公用・用意・用心　〔　・　〕

③ 両親・親子・親切・大切・好意　〔　・　〕

④ 要素・要求・要員・要望・重要　〔　・　〕

⑤ 実験・体験・試験・経験・実施《じっし》　〔　・　〕

⑥ 運送・運動・自動・運搬《うんぱん》・搬入　〔　・　〕

文節・文の成分

① 次の文を読んで、あとの問いに答えなさい。

① 弟は小学生だ。
② 犬が猫《ねこ》を追いかけた。
③ 今日は天気がよい。
④ 姉がピアノを弾《ひ》く。
⑤ その子犬はとても小さい。

(1) ①〜③の文を、／で文節に区切りなさい。

① 〔弟は小学生だ。〕
② 〔犬が猫《ねこ》を追いかけた。〕
③ 〔今日は天気がよい。〕

(2) ②・④・⑤の文の、単語の数を算用数字で答えなさい。

② 〔　　〕 ④ 〔　　〕
⑤ 〔　　〕

❶≫

② 次の文を読んで、あとの問いに一文節で答えなさい。

① 花が咲《さ》いた。
② 私はケーキを買う。
③ 大きな森がある。
④ 昨日、新しい車が届いた。
⑤ 父の靴《くつ》は大きい。
⑥ 飲み物がない。

(1) 各文の主語と述語を書きなさい。

① 主語〔　　〕 述語〔　　〕
② 主語〔　　〕 述語〔　　〕
③ 主語〔　　〕 述語〔　　〕
④ 主語〔　　〕 述語〔　　〕
⑤ 主語〔　　〕 述語〔　　〕
⑥ 主語〔　　〕 述語〔　　〕

(2) ③と④の文の、主語にかかる修飾《しゅうしょく》語を答えなさい。

③ 〔　　〕 ④ 〔　　〕

❷≫

月／日

解答 別冊 p.5

❶ 文節と単語

- **文章** 手紙や小説、詩などの全体。
- **段落** 文章を内容のまとまりごとに区切ったもの。
- **文** まとまった内容を表すひと続きの言葉。
- **文節** 文を、意味のうえで不自然にならないようにできるだけ短く区切ったまとまり。
- **単語** 最小単位の言葉。

❷ 文節の働きⅠ

- **主語** 「何(だれ)が」にあたる文節。
- **述語** 「どうする」「どんなだ」「何だ」「ある(いる)・ない」を表す文節。
- **修飾語・被《ひ》修飾語** 「どのように」「いつ」「どこで」など、他の文節の内容をくわしく説明する文節が修飾語、説明される文節が被修飾語。

③ 次の各文から、接続語あるいは独立語を一文節でぬき出しなさい。

① ああ、こんなに汚《よご》してしまった。（　　　）

② 日曜日なので、電車はすいている。（　　　）

③ みなさん、どうぞこちらへ来てください。（　　　）

④ 警報が出たらしい。だから、行くのは中止だ。（　　　）

⑤ 疲《つか》れたから、今日は早く寝《ね》るよ。（　　　）

⑥ 読書、それが私の趣味《しゅみ》です。（　　　）

③ »

④ 次の各文の――線部は、文の成分の何にあたるか、あとから選び、記号で答えなさい。

① まだ、計画書さえできていません。（　　　）

② 気持ちよさそうにのんびり寝ている。（　　　）

③ 地球と月と太陽が一直線上に並ぶ。（　　　）

④ そもそも、UFOはあるのだろうか。（　　　）

⑤ おっと、よそ見をしていると危ないよ。（　　　）

⑥ 電車の到着《とうちゃく》は五分遅《おく》れています。（　　　）

ア 主語　**イ** 述語　**ウ** 修飾語
エ 接続語　**オ** 独立語

④ »

⑤ 次の各文の――線部の二文節は、あとのどの関係になっていますか。記号で答えなさい。

① 黒か青の万年筆を用意してください。（　　　）

② 双子《ふたご》の姉妹は公園で一緒《いっしょ》に遊んでいた。（　　　）

③ 今日は英語と数学のテストがある。（　　　）

④ 白い大きな鳥が湖に舞《ま》い降りた。（　　　）

⑤ 辞書をたなに並べておく。（　　　）

ア 並立《へいりつ》の関係　**イ** 補助の関係

⑤ »

③ 文節の働きⅡ

・**接続語**　前後の文をつなぐなどして、理由や条件など、その関係を示す文節。

・**独立語**　他の文節と直接かかわらない文節。

④ 文の成分

文を組み立てている主語・述語・修飾語・接続語・独立語の五つを、**文の成分**という。

くわしく

二つ以上の文節がまとまって、主語・述語・修飾語・接続語・独立語の働きをするひとまとまりを**連文節**といい、それぞれを主部・述部・修飾部・接続部・独立部という。

⑤ 並立の関係・補助の関係

・**並立の関係**　文節どうしが対等の関係で連文節を作っているもの。

弟と　妹が　います。

・**補助の関係**　下の文節の意味が薄《うす》れ、すぐ上の文節に補助的に付いて、連文節を作っているもの。

子犬を　飼って　いる。

文節・文の成分 復習完成テスト

時間 20分 目標 80点

得点　　点

解答 別冊 p.5

1 次の各文を読んで、あとの問いに答えなさい。

① この地方では、最近鹿が増えているらしい。
② 母と姉は、ダイエットに夢中だ。
③ しかし、これは失敗作だと言われた。
④ 推理小説を読んでいて、時間のたつのを忘れた。

(1) それぞれの文の文節の数を、算用数字で答えなさい。 8点(各2点)

①〔　　〕 ②〔　　〕
③〔　　〕 ④〔　　〕

(2) ③・④の文の単語の数を、算用数字で答えなさい。 4点(各2点)

③〔　　〕 ④〔　　〕

2 次の各文を読んで、あとの問いに答えなさい。

① 結論は、初めから議長の頭にあったのだ。
② 空は暗く、雷《かみなり》が鳴って、雨さえ降ってきた。
③ みんなが集まったのを見て、おもむろに立ち上がった。
④ 私の本は、どこにありますか。
⑤ 言っただろう、あの道はよく車が通るんだ。
⑥ 日本のアニメは、世界中の人々が好んでいる。
⑦ かごの中に、茶色い小さな犬がちょこんと座《すわ》っていた。
⑧ 道が一筋、途中《とちゅう》で曲がりながら地平線まで伸《の》びていた。

(1) ①〜⑥の文の——線で示した述語(述部)に対する主語を、一文節で答えなさい。ない場合は×と答えなさい。 12点(各2点)

①〔　　〕 ②〔　　〕 ③〔　　〕
④〔　　〕 ⑤〔　　〕 ⑥〔　　〕

(2) ⑦・⑧の文の——線部を修飾《しゅうしょく》する言葉を、すべて一文節で〔　〕の数だけ答えなさい。 10点(各2点)

⑦〔　　〕〔　　〕〔　　〕
⑧〔　　〕〔　　〕

3 次の——線部の文の成分として適切なものをあとから選び、記号で答えなさい。 24点(各3点)

① 最近、世界の気象が、ある警告を発していると言われている。
〔　　〕〔　　〕〔　　〕

② しかし、環境《かんきょう》問題に無関心な国もかなりある。
〔　　〕〔　　〕〔　　〕

③ あれっ、さっきまで持っていた財布《さいふ》、どこにやったんだ。
〔　　〕〔　　〕

ア 主語　イ 述語　ウ 修飾語
エ 独立語　オ 接続語

4 次の——線部と〜〜線部の文節どうしの関係として適切なものをあとから選び、記号で答えなさい。　10点(各2点)

① 鉄道旅行をする人が増えている。
② ぼくが呼んだ人から、順に立ち上がりなさい。
③ 正確でくわしい説明を求める。
④ 思いきって言ってみたら、案外聞いてくれた。
⑤ さっき、泣いている女の子を見かけた。

①〔　　〕 ②〔　　〕 ③〔　　〕 ④〔　　〕 ⑤〔　　〕

ア 主・述の関係
イ 修飾・被《ひ》修飾の関係
ウ 並立《へいりつ》の関係
エ 補助の関係

5 次は文の構造を書いたものです。①～⑥はどういう関係でつながっていますか。あとから選び、記号で答えなさい。　12点(各2点)

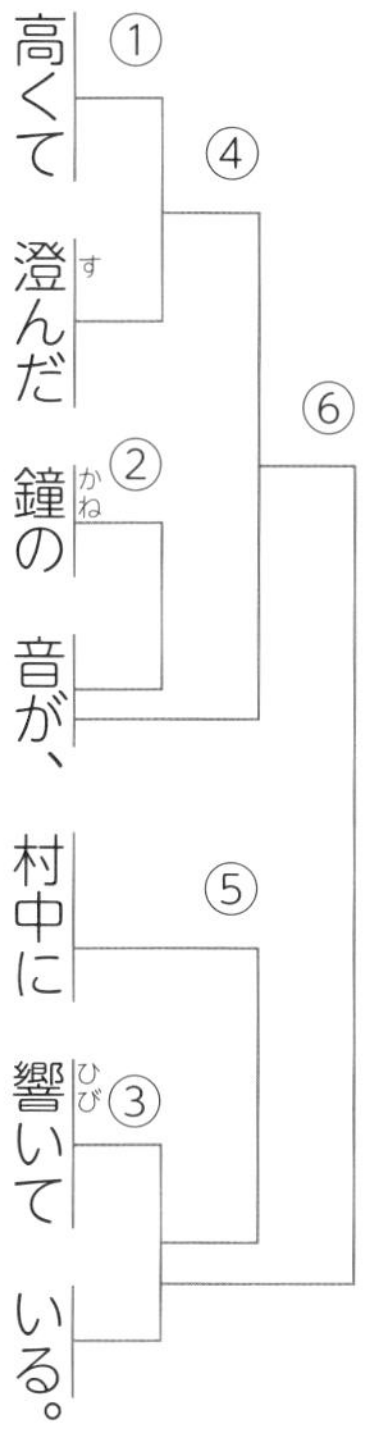

①〔　　〕 ②〔　　〕 ③〔　　〕
④〔　　〕 ⑤〔　　〕 ⑥〔　　〕

ア 主・述の関係
イ 修飾・被修飾の関係
ウ 並立の関係
エ 補助の関係

6 次の——線部の語が直接かかる文節を、一文節でぬき出しなさい。　8点(各2点)

① あまり聞いたことがない地名なので、私の記憶《きおく》に残った。〔　　〕
② 冬の山では、冷たく強い北風がいつも吹《ふ》き荒《あ》れる。〔　　〕
③ 忙《いそが》しくて、ゆっくり休むひまもない。〔　　〕
④ 黒い小さな点が、人間の数を表しています。〔　　〕

UP 7 主・述の関係が、次の①～③の文と同じ構造の文をあとから二つずつ選び、記号で答えなさい。　12点(各2点)

① 兄が働く会社は、すぐそこにある。〔　　〕〔　　〕
② 子どもが公園で元気に遊ぶ。〔　　〕〔　　〕
③ おじいさんは山へ行き、おばあさんは川へ行った。〔　　〕〔　　〕

ア 友人が作る料理は、とてもおいしい。
イ ひまわりの咲《さ》く季節が来た。
ウ 手配中の強盗《ごうとう》が捕《つか》まったらしい。
エ 姉は会社員で、弟は学生です。
オ 雨が強まり、風が出てきた。
カ バスの出発の時間がきました。

第4日

品詞

1 次の品詞分類表について、あとの問いに答えなさい。

単語
- 自立語
  - 活用する……[①]・形容詞・[②]
  - 活用しない…名詞・副詞・[③]・[④]・感動詞
- 付属語
  - 活用する……[⑤]
  - 活用しない…助詞

(1) [①]〜[⑤]にあてはまる品詞名を書きなさい。

① (　　) ② (　　)
③ (　　) ④ (　　)
⑤ (　　)

(2) 自立語のうち、活用するものを用言といい、単独で述語になることができます。では、活用しないもののうち名詞は、①何といい、②何になることができますか。

① (　　) ② (　　)

1 ≫

2 次の——線部の品詞名を、それぞれ漢字で書きなさい。

① 開会式に参加する。 (　　)
② まじめに行進する。 (　　)
③ 各国の選手団が手を振《ふ》る。 (　　)
④ まるでお祭りのようだ。 (　　)
⑤ テレビで楽しく観戦する。 (　　)
⑥ どの顔も笑っている。 (　　)
⑦ 「やあ。」と声をかけ合う。 (　　)
⑧ 別のグループが加わる。 (　　)
⑨ しかし、大きな大会だ。 (　　)
⑩ これがオリンピックだ。 (　　)

2 ≫

3 動詞について、次の各問いに答えなさい。

(1) 動詞の活用の種類を書き、同じ種類の動詞をあとから選び、記号で答えなさい。

① 書く (　　)活用・(　　)

ア 切る　**イ** 起きる
ウ 流れる　**エ** 来る

1 単語の分類

- **自立語**　単独で文節を作る。文節の最初にある。
- **付属語**　単独で文節を作ることができない。文節の中では、自立語のあとに付く。

2 品詞の種類

動詞・形容詞・形容動詞・名詞・副詞・連体詞・接続詞・感動詞・助詞・助動詞の十種類である。

さらに名詞は、普通名詞・固有名詞・数詞・形式名詞・代名詞と細分される。

3 動詞の活用の種類

- **五段活用**　「ア」段の音
- **上一段活用**　「イ」段の音
- **下一段活用**　「エ」段の音

右の三つは、「ない」を付けて直前の音によって見分ける。

- **カ行変格活用**　「来る」のみ。
- **サ行変格活用**　「する」「勉強する」など。

月　／　日

解答 別冊 p.6

② 愛する〔　　〕活用・〔　　〕
ア 好む　イ 見る
ウ 考える　エ する

(2) 次の――線部の活用形を漢字で答えなさい。
① 話すことがたくさんある。〔　　〕形
② 私はずっとここにいる。〔　　〕形
③ 早く来ればよかったのに。〔　　〕形
④ よく考えて返事します。〔　　〕形
⑤ 元気よく挨拶《あいさつ》をしよう。〔　　〕形
⑥ 二階へ行けと言われた。〔　　〕形

❸ »

④ 次の各文から副詞を一つずつぬき出し、その種類をあとから選び、記号で答えなさい。
① 赤ちゃんが、私の顔を見てにっこり笑った。〔　　〕・〔　　〕
② 今日は、昨日と比べ、ずいぶん暖かい。〔　　〕・〔　　〕
③ そんなことは、決してぼくが許さない。〔　　〕・〔　　〕
ア 状態　イ 程度
ウ 呼応(陳述《ちんじゅつ》・叙述《じょじゅつ》)

❹ »

⑤ 次の文の〔　〕にあてはまる言葉をあとから選び、記号で答えなさい。
① 夜になった。〔　　〕、まだ空は明るい。
② 彼《かれ》は絵を描《か》くし、〔　　〕、彫刻《ちょうこく》もする。
③ お茶にしますか。〔　　〕、コーヒーにしますか。
ア それとも　イ しかし
ウ そのうえ

❺ »

⑥ 次の――線部の助動詞の意味を、それぞれあとから選び、記号で答えなさい。
(1)
① 水が飲みたい。〔　　〕
② 事故があったらしい。〔　　〕
③ みんなで歌おう。〔　　〕
ア 勧誘《かんゆう》　イ 推定　ウ 希望

(2)
① だれからも好かれる人だ。〔　　〕
② 王様は声明文を読まれた。〔　　〕
③ 一度では覚えられない。〔　　〕
ア 受け身　イ 可能　ウ 尊敬

(3)
① 彼はまだ知らないようだ。〔　　〕
② まるで絵のような美しさだ。〔　　〕
③ 図のようにやってみよう。〔　　〕
ア 例示　イ たとえ　ウ 推定

❻ »

くわしく

五段活用の動詞の連用形に「た・て」などが付くとき、音便《おんびん》形になる。
イ音便 「い」になる。
咲《さ》きた→咲いた
促音便《そくおんびん》 「っ」になる。
散りた→散った
撥音便《はつおんびん》 「ん」になる。
飲みた→飲んだ

❹ 副詞の種類
状態の副詞 動作・作用がどのような様子かを表す。
程度の副詞 どのくらいの程度であるかを示す。
呼応の副詞 あとに決まった言葉がくる。陳述の副詞・叙述の副詞ともいう。

❺ 接続詞の働き
意味や用法のうえから、**順接・逆接・並立《へいりつ》・対比(選択《せんたく》)・転換《てんかん》**などに分類できる。

❻ 助動詞の意味・用法
よく出題されるので、問題に慣れておこう。

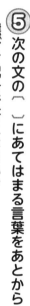

品詞

復習完成テスト

時間 20分　目標 80点

得点　　点

解答 別冊 p.6

1 次の――線部の品詞名を書きなさい。 20点（各2点）

① 大きいみかんを取る。（　　）
② 大きなみかんを取る。（　　）
③ 奇妙《きみょう》な話だ。（　　）
④ おかしな話だ。（　　）
⑤ 風が強く吹《ふ》くことはない。（　　）
⑥ 風が強く吹かない。（　　）
⑦ 中学生らしい発言だ。（　　）
⑧ 屋上にいるのは、どうやら中学生らしい。（　　）
⑨ これがぼくの好きな本だ。（　　）
⑩ こうなると、仲直りは難しい。（　　）

2 次の――線部の活用形を漢字で書きなさい。 14点（各2点）

① 花の美しい季節だ。（　　）形
② 花が美しければいいね。（　　）形
③ さくらの花は美しい。（　　）形
④ みんなと会えて楽しかった。（　　）形
⑤ ガラス越《ご》しの日光があたたかい。（　　）形
⑥ あたたかな笑顔《えがお》で迎《むか》えてくれた。（　　）形
⑦ A組の勝ちは明らかだろう。（　　）形

3 次の各文の（　）にあてはまる言葉をあとから選び、記号で答えなさい。（同じ言葉を複数回選んではいけません。） 14点（各2点）

① このことは決して忘れ（　）。
② たとえ別れることがあっ（　）、忘れることはない。
③ もし近くにいる（　）、返事をしてください。
④ まさか、ここにいるとは思う（　）。
⑤ たぶん明日は雨が降る（　）。
⑥ どうして君はいつも遅刻《ちこく》ばかりするの（　）。
⑦ まるで夢の（　）出来事だった。

ア だろう　イ ても　ウ なら　エ まい
オ ような　カ か　キ ない

4 次の接続詞の意味をあとから選び、記号で答えなさい。 10点（各2点）

① 帰りが遅《おそ》くなった。だから、すぐ風呂《ふろ》に入った。（　　）
② 朝は晴れていた。しかし、夕方には雨になった。（　　）
③ 果物、あるいは野菜をもっと食べなさい。（　　）
④ 部屋は五階で、しかもいちばん端《はし》にある。（　　）
⑤ 決勝戦で逆転勝ち。つまり、優勝ということだ。（　　）

ア 説明　イ 選択《せんたく》　ウ 順接　エ 逆接　オ 累加《るいか》

5 次の――線部の指示語がさしている内容を答えなさい。

10点（各2点）

① 小高い山に登った。ここからの眺《なが》めはすばらしい。〔　　〕

② 祖母が入院した。私がそれを知ったのは夜だった。〔　　〕

③ 今、パリにいます。こちらはもう秋です。〔　　〕

④ このことはまだ公表されていないが、大臣が辞職されることになったんだ。〔　　〕

⑤ 君が出席するなら、ぼくもそうするよ。〔　　〕

6 次の各組の――線部のうち、品詞分類のうえから見て他と異なるものが一つあります。それを選び、記号で答えなさい。

6点（各2点）

① ア 毎日、練習に行かせる。
イ 人形に服を着せる。
ウ 妹に仕事をさせる。〔　　〕

② ア あれが新しい店だ。
イ わが輩《はい》は猫《ねこ》だと言った。
ウ よく見ることが大切だ。〔　　〕

③ ア 音がきれい。
イ 色も美しい。
ウ 人柄《ひとがら》があたたかい。〔　　〕

UP

7 次の――線部の意味をそれぞれあとから選び、記号で答えなさい。あてはまるものがない場合は、×を書きなさい。

26点（各2点）

(1)
① ふたが固くて、子どもには開けられない。〔　　〕
② さんざん文句を言われてしまった。〔　　〕
③ 乱暴に扱《あつか》うと壊《こわ》れるよ。〔　　〕
④ 先生はさっき来られました。〔　　〕
⑤ 将来が思いやられる。〔　　〕

ア 受け身　イ 可能　ウ 尊敬　エ 自発

(2)
① 次のような場合を考えてみよう。〔　　〕
② どうやら台風は北へぬけたようだ。〔　　〕
③ 借りてきた猫のようにおとなしい。〔　　〕

ア たとえ　イ 例示　ウ 推定

(3)
① 父と野球を見に行った。〔　　〕
② コーヒーとケーキをください。〔　　〕
③ 念願かなって、この城が世界遺産《いさん》となった。〔　　〕
④ 予報では雨だと言っている。〔　　〕
⑤ 春になると、ツバメがやってくる。〔　　〕

ア 結果　イ 並立《へいりつ》　ウ 引用
エ 順接　オ 相手

小説・随筆《ずいひつ》

1 次の文章を読んで、下の問いに答えなさい。

①メロスは単純な男であった。買い物を背負ったまま、のそのそ王城に入っていった。たちまち彼《かれ》は、巡邏《じゅんら》（警戒して見回る）の警吏《けいり》に捕縛《ほばく》された。調べられて、メロスの懐《かい》中《ちゅう》からは短剣《たんけん》が出てきたので、騒《さわ》ぎが大きくなってしまった。メロスは王の前に引き出された。

「この短刀で何をするつもりであったか。言え！」暴君ディオニスは静かに、けれども威厳《いげん》をもって問い詰《つ》めた。その王の顔は蒼白《そうはく》（青白い）で、眉間《みけん》のしわは②刻み込《こ》まれたように深かった。

「町を暴君の手から救うのだ。」とメロスは、悪びれずに答えた。

「おまえがか？」王は、憫笑《びんしょう》（哀れみ笑う）した。「しかたのないやつじゃ。おまえなどには、③わしの孤独《こどく》の心がわからぬ。」

「言うな！」とメロスは、いきり立って反駁《はんばく》（反論する）した。「人の心を疑うのは、最も恥《は》ずべき悪徳だ。王は、民の忠誠をさえ疑っておられる。」

「疑うのが正当の心構えなのだと、わしに教えてくれたのは、おまえたちだ。人の心は、あてにならな

(1) ――線①「メロスは単純な男であった。」とありますが、メロスの単純な様子を表している擬態語《ぎたいご》を、文章中からぬき出しなさい。

1》 ［　　　　］

(2) ――線②「刻み込まれたように深かった」に使われている比喩《ひゆ》の種類を、漢字二字で書きなさい。

2》 □□

(3) ――線③「わしの孤独の心」とありますが、その内容として最も適切なものを選び、記号で答えなさい。

ア 親兄弟も妻子も殺された悲しみ。
イ 平和を望むのに戦《いくさ》に明け暮れるつらさ。
ウ 自分以上に賢《かしこ》い人間がいない寂《さび》しさ。
エ 信じられる者がいない苦しみ。

3》 ［　　］

1 表現技法
言葉の使い方・言い回しの特徴《とくちょう》に注意する。
- **擬態語** 物の様子や姿をたとえて表した言葉。「ぴかぴか」「ふらふら」など。
- **擬声語** 実際の音や声をまねた言葉。「ガチャン」「ワンワン」など。

＊擬態語・擬声語は副詞になる。

2 表現技法の名称《めいしょう》
- **直喩（明喩）** 「…のように」「…に似た」「…みたいな」などを使う。「風のように走る。」など。
- **隠喩《いんゆ》（暗喩）** 「…のように」などを使わずにたとえる。「彼は産業界のハゲタカだ。」など。
- **擬人法** 人でないものを人間にたとえる。「そよ風がささやく。」など。

月／日

解答 別冊 p.7

い。人間は、もともと私欲の塊《かたまり》さ。信じてはならぬ。」暴君は落ち着いてつぶやき、ほっとため息をついた。「わしだって、平和を望んでいるのだが。」

「何のための平和だ。自分の地位を守るためか。」今度はメロスが嘲笑《ちょうしょう》した。

「罪のない人を殺して、何が平和だ。」

「黙《だま》れ。」王は、さっと顔を上げて報《むく》いた。「口では、どんな清らかなことでも言える。④わしには、人のはらわたの奥底《おくそこ》が見え透《す》いてならぬ。おまえだって、今にはりつけになってから、泣いてわびたって聞かぬぞ。」

「⑤ああ、王はりこうだ。うぬぼれているがよい。私は、ちゃんと死ぬる覚悟《かくご》でいるのに。命ごいなど決してしない。ただ、――」と言いかけて、メロスは足元に視線を落とし、瞬時《しゅんじ》ためらい、「ただ、私に情けをかけたいつもりなら、処刑までに三日間の日限を与《あた》えてください。たった一人の妹に、亭主《ていしゅ》をもたせてやりたいのです。三日のうちに、私は村で結《けっ》婚式《こんしき》を挙げさせ、必ず、ここへ帰ってきます。」

「ばかな。」と暴君は、しゃがれた声で低く笑った。「とんでもないうそを言うわい。逃《に》がした小鳥が帰ってくると言うのか。」

「そうです。帰ってくるのです。」メロスは必死で言い張った。


（太宰治《だざいおさむ》『走れメロス』より）

(4) ――線④「わしには、人のはらわたの奥底が見え透いてならぬ。」について答えなさい。

① 王は、「人のはらわたの奥底」に何が見えると言っているのですか。文章中の四字の言葉で答えなさい。

□□□□

② メロスの人間に対する考え方が最もはっきりと表されている一文を、文章中からぬき出しなさい。 ❹»

〔　　〕

(5) ――線⑤「ああ、王はりこうだ。」という言葉には、メロスのどのような気持ちが表れていますか。最も適切なものを選び、記号で答えなさい。

ア 賞賛　イ 追従《ついじゅう》
ウ 皮肉　エ 感動 ❺»

〔　　〕

(6) 途中《とちゅう》からメロスの言動が変化します。そのことがわかるメロスの言葉の初めの三字（句読点を含《ふく》む）を文章中からぬき出しなさい。 ❻»

□□□

❸人物の内面
人物の内面（性格・心理・心情など）を、次の点に注意して的確にとらえる。
・心情を表す言葉
・会話や行動、表情や態度を表す言葉
・情景描写《びょうしゃ》

ここに注意
情景描写は心情を暗示していることがある。
「雨が上がって青い空が見える。」→沈《しず》んでいた心が晴れたことを表す。

❹人物像
人物と人物の関係を考え、対比させて考える。

❺語句の意味
文章の流れにそって、前後の内容や話の筋から想像してとらえる。

❻場面の変化
時間、場所、登場人物やできごとに注意して、全体の中でその場面が果たす役割をとらえる。

小説・随筆 復習完成テスト

時間 20分 目標 80点
得点　　点
解答 別冊 p.7

1 次の文章を読んで、あとの問いに答えなさい。

二人は雨の音の中にじっとして、まともに押《お》してくる渦《うず》のかっこうを眺《なが》めていた。魚がこの渦の下を、貴王《きおう》の池から流されて通るにちがいない。うまくかかれば大きなのが獲《と》れると、①一心にすごい水の色を見つめていた。水はもとより濁《にご》っている。上皮《うわかわ》の動くぐあいだけで、どんなものが、水の底を流れるか全くわかりかねる。それでもまばたきもせずに、水際《みずぎわ》までつかった②叔父《おじ》さんの手首の動くのを待っていた。けれどもそれがなかなかに動かない。

雨脚《あまあし》はしだいに黒くなる。川の色はだんだん重くなる。渦の紋《もん》は激しく水上から巡《めぐ》ってくる。この時どす黒い波が鋭《するど》く目の前を通り過ごそうとする中に、ちらりと色の変わった模様が見えた。まばたきを許さぬとっさの光を受けたその模様には長さの感じがあった。これは大きな鰻《うなぎ》だなと思った。

途端《とたん》に流れに逆らって、網《あみ》の柄《え》を握《にぎ》っていた叔父さんの右の手首が、蓑《みの》の下から肩《かた》の上まで跳《は》ね返るように動いた。続いて長いものが叔父さんの手を離《はな》れた。それが暗い雨の降りしきる中に、③重たい縄のような曲線を描《えが》いて、向こうの土手の上に落ちた。と思うと、草の中からむくりと*鎌首《かまくび》を一尺ばかりもち上げた。そうしてもち上げたまま*きっと二人を見た。

「覚えていろ。」

声は確かに叔父さんの声であった。同時に鎌首は草の中に消えた。④叔父さんは青い顔をして、蛇《へび》を投げた所を見ている。

「叔父さん、今、覚えていろと言ったのはあなたですか。」

叔父さんはようやくこっちを向いた。そうして低い声で、だれだかよくわからないと答えた。今でも叔父にこの話をするたびに、だれだかよくわからないと答えては妙《みょう》な顔をする。

（夏目漱石《なつめそうせき》『永日小品』より）

＊鎌首＝鎌の形の蛇の首。　きっと＝厳しく身構えたさま。

(1) ――線①「一心にすごい水の色を見つめていた」の「一心に」と同じような意味を表す言葉を、文章中の同じ段落から八字でぬき出しなさい。 10点

(2) ――線②「叔父さんの手首の動くのを待っていた」とは、具体的にはどうすることを待っていたのですか。 10点

〔　　　　〕

(3) 二つめの段落の中から対句《ついく》になっている二文を見つけ、それぞれの文の初めの一文節をぬき出しなさい。 20点（各10点）

〔　　　　〕〔　　　　〕

(4) ——線③「重たい縄のような曲線」に使われている比喩《ひゆ》の種類を、漢字二字で答えなさい。 10点

(5) ——線④「叔父さんは青い顔をして」とありますが、このときの叔父さんの心情として最も適切なものを選び、記号で答えなさい。 15点

ア 大きな鰻だなと思ったのに、蛇だった失望。
イ 流されてきた蛇に、手首をかまれそうになった恐怖《きょうふ》。
ウ だれかに自分の声をまねされているという不快感。
エ 蛇が二人を見たとき、「覚えていろ」という声を聞いた驚《おどろ》きと動揺《どうよう》。

〔　　〕

2 次の文章を読んで、あとの問いに答えなさい。

摂津《せっつ》半国の主《しゅ》であった松山新介《まつやましんすけ》の侍大将《さむらいだいしょう》、中村新兵衛《なかむらしんべえ》は、五畿《ごき》内《ない》、中国に①聞こえた大豪《だいごう》の士であった。

そのころ、畿内を分領していた筒井《つつい》、松永、荒木、和田、別所など、大名小名の手の者で、「槍中村《やりなかむら》」を知らぬ者は、恐《おそ》らく一人もなかっただろう。それほど、新兵衛は、そのしごき出す三間《さんげん》柄《え》の大身《おおみ》の槍の矛先《ほこさき》で、②*先駆《さきが》けしんがり*の功名を重ねていた。そのうえ、彼《かれ》の武者姿は戦場において、水ぎわだった華《はな》やかさを示していた。火のような猩々緋《しょうじょうひ》の羽織を着て、唐冠纓金《とうかんえいきん》のかぶとをかぶった彼の姿は、敵味方の間に、輝《かがや》くばかりの鮮《あざ》やかさをもっていた。

「ああ、猩々緋よ、唐冠よ。」と、敵の雑兵《ぞうひょう》は新兵衛の槍先を避《さ》けた。味方が崩《くず》れ立ったとき、激浪《げきろう》の中に立つ巌《いわお》のように、敵勢を支えている猩々緋の姿は、どれほど味方にとって、頼《たの》もしいものであったかわからなかった。また、嵐《あらし》のように敵陣《てきじん》に殺到《さっとう》するとき、その先頭に輝いている唐冠のかぶとは、敵にとって、どれほどの脅威《きょうい》であるかわからなかった。

（菊池寛《きくちかん》『形』より）

＊先駆け＝真っ先に敵陣に攻《せ》め入る部隊。　しんがり＝部隊の最後尾《さいこうび》。

(1) ——線①「聞こえた」とは、どういう意味ですか。最も適切なものを選び、記号で答えなさい。 10点

ア 勢力を広げていた　イ 広く知られていた
ウ 任命されていた　エ 古くから伝えられてきた

〔　　〕

(2) ——線②「先駆けしんがりの功名」とありますが、「しんがり」のときの新兵衛の様子を何にたとえていますか。文章中から八字でぬき出しなさい。 10点

(3) この文章の内容に合っているものを選び、記号で答えなさい。 15点

ア 新兵衛は槍の名手で、華やかな姿はそれを象徴《しょうちょう》していた。
イ 新兵衛は華やかな姿で目立つことで、力不足を補った。
ウ 新兵衛は槍が命で、かぶとや羽織には関心がなかった。
エ 新兵衛が有名なのはかぶとや羽織のせいで、槍の腕前《うでまえ》はたいしたことがなかった。

〔　　〕

第6日

論説文

① 次の文章を読んで、下の問いに答えなさい。

人間は万物《ばんぶつ》の尺度である——と言ったのは、たしか古代ギリシアの哲人《てつじん》※1プロタゴラスだが、※2以上のような歴史観の変革を考えるとき、プロタゴラスのこのことばは、まことに①核心《かくしん》を衝《つ》いているように思われてくる。ヨーロッパ中心的な世界像は、②彼《かれ》ら自身を尺度とした世界像であった。だが、このことは、同時に、アフリカの民族にとってはおなじようにアフリカ人を尺度とする世界像があるのだ、いや、あってしかるべきだ、ということを意味している。だから※3シュペングラーは、世界史とは単一の文明の物語なのではなく、この地球上に存在する諸文明のドラマなのだ、と言ったのである。（1段落）

③ヨーロッパだけが中心ではないという相対主義は、とうぜん、時間、すなわち人間の歴史の経過そのものにも投影《とうえい》される。こうして、歴史においては「現代」だけが中心なのではなく、いわゆる「古代」や「中世」や「近世」と考えられている諸時代も、それぞれ独自の価値を持つことになる。つまり「現代」と「古代」とに絶対的な区分などは立てられないの

---

(1) ——線①「核心を衝いている」の意味として最も適切なものを次の中から選び、記号で答えなさい。

ア 古い考え方を改める新しい観念である。
イ 確かな自信に裏付けられている。
ウ 物事の大切な中心を言い当てている。
エ 相手の弱点を攻撃《こうげき》している。

〔　　〕 ❶≫

(2) ——線②「彼ら自身」とありますが、だれのことをさしていますか。文章中からぬき出しなさい。

〔　　〕 ❷≫

(3) ——線③「ヨーロッパだけが……投影される。」とはどういうことですか。具体的に説明している箇所《かしょ》の初めと終わりの五字（句読点を除く）をぬき出しなさい。

□□□□□～□□□□□ ❸≫

---

❶語句の意味
文章の流れにそって語意をくみ取るようにしよう。

❷文章の話題
どんな話題か、何を問題にしているかをつかむ。何度も出てくる言葉、ここでは「ヨーロッパ」に注目するとよい。

❸接続語の働き
- **接続語**　語と語、文と文、段落と段落がどんな関係でつながっているかを示す。
- **接続詞**　接続語に他の品詞を含《ふく》む語が使われることもあるが、「しかし・だから・そこで」などの接続詞がほとんどである。ここでは「こうして」がすぐあとにあり、解答部分と結び付いている。

月　　日

解答 別冊 p.8

である。

④私もそう思う。これまで世界史像をゆがめてきたのは、十八世紀にゆるぎないものとなった「進歩」という観念だった。それは、端的《たんてき》に言うなら、人間は原始的な状態からしだいに「進歩」してきたのだという考え方である。だが、だれにとっても明白に思えるこの進歩史観は、かならずしも根拠《こんきょ》があるものではない。それは、あくまで自分たちが生きている「現代」を進歩の最先端だと思いこむ独善であり、ヨーロッパ人たちがヨーロッパこそ文明の中心だと思いこんでいた錯覚《さっかく》にひとしいのだ。人間の生みだす文明は、けっしてそのように時間の推移とともに直線的に「進歩」したり「発展」したりするものではなく、さまざまな曲折を経て栄枯盛衰《えいこせいすい》をくりかえすのである。 （**2**段落）

私たちが「古代」文明を、いつも驚異《きょうい》の目でながめ、その不思議を数えあげたりするのも、じつは、⑤そうした直線的歴史観からきている錯覚にすぎない。 （**3**段落）

（**4**段落）

（森本哲郎《もりもとてつろう》『すばらしき旅――人間・歳月・出会い――』より）

＊1プロタゴラス＝古代ギリシアの思想家。
＊2以上のような歴史観の変革＝この文章の前に述べられている、ヨーロッパ中心的世界像からの脱却《だっきゃく》の学問上の流れをさす。
＊3シュペングラー＝一八八〇～一九三六。ドイツの歴史哲学者。

(4) ――線④「私もそう思う。」とありますが、筆者が賛同する考え方を次の中から選び、記号で答えなさい。

ア ヨーロッパ中心主義　イ 相対主義
ウ 直線的歴史観　エ 進歩史観

❹　〔　　〕

(5) ――線⑤「そうした直線的歴史観」について答えなさい。

① 具体的に説明している箇所の初めと終わりの五字をぬき出しなさい。

□□□□□～□□□□□

② ①に対し、筆者の文明に対する考えを述べた一文を探し、その初めの五字をぬき出しなさい。

❺　□□□□□

(6) **1**～**4**の四つの段落の関係図として最も適切なものを次の中から選び、記号で答えなさい。

ア 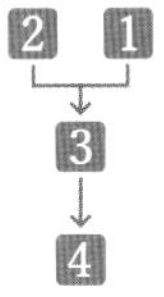

イ 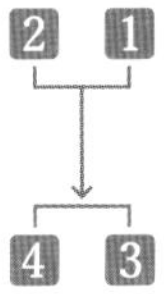

ウ **1**→**2**→**3**→**4**

❻　〔　　〕

❹筆者の考え　筆者の主張や判断、その考えの正しさを証明するために筋道立てて書かれたのが論説文である。
・筆者の主張（意見）と、説明（事象・例）部分を分ける。
・各段落と段落の関係をつかむ。
・論旨《ろんし》部分をぬき出す。

❺指示語の働き　ほとんどの場合、すでに述べたことをさす。

ここに注意
さし示す内容があとにくる場合がある。指示語を先に出して強調するのである。

❻文章の構成
三段論法　AはBだ。BはCだ。したがってAはCだ。
演繹《えんえき》法　前提を立て、それを認めることで結論を導き出す。
帰納《きのう》法　具体的な事実を積み上げて、普遍《ふへん》的な結論を導き出す。

第7日

論説文 復習完成テスト

時間 20分
目標 80点

得点　　点

解答 別冊 p.8

1 次の文章を読んで、あとの問いに答えなさい。

ある幼稚園《ようちえん》の先生に次のような相談をⓐされたことがある。子どもたちが話をしてくれ、とよくせがむので、昔話など自分が覚えている話をしてやると、子どもたちは非常に喜ぶ。テレビのアニメなどで、もっと面白《おもしろ》い話を見ていると思うのだが、先生の話を予想外に喜んで聴《き》く。そして、そのなかで魔女《まじょ》が出てきたりするところなど、こわいところがあると、「こわい」と叫《さけ》んで耳を手でふさいだり、隣《となり》の子どもにしがみついたりしている。これはよくなかったかな、と思っていると、子どもたちが、「先生、あのこわい話をして」とせがむのである。

①先生が疑問に思われるのは、「どうして、子どもは『こわい、こわい』と騒《さわ》ぎながら、何度も聴きたがるのでしょう」ということである。そして、そもそも子どもにそれほどこわい話をしてもいいものだろうか、ということである。子どもたちは何度も同じ話を聞いて、こわいところはもうすでに知っている。そして、それを心待ちしているようにさえ見えるが、そこに話が来ると、「キャー」と叫んだりする。何とも不思議な現象だ、と先生はⓑいぶかしがられるのである。

人間にはいろいろな感情がある。喜怒哀楽《きどあいらく》などというが、それはもっと細かく分けられる。その感情を体験し、自分がそのような感情のなかにいるということを意識するのは、六歳《さい》くらいまでの子どもでも可能であり、それを体験することは子どもの情緒《じょうちょ》の発達にとって非常に大切なことである。

ただ、悲しみや怒《いか》りなどの感情があまりに強いときは、子どもがそれに耐《た》えられず、情緒の発達というより、むしろ破壊的《はかいてき》な結果になってしまう。その上、親としては、子どもに悲しみや恐怖《きょうふ》などはなるべく味わわせたくない気持ちがあるので、②そのような体験をさせないようにする。しかし、③このあたりが難しいところで、子どもが十分に育ってゆくためには、そのような否定的な感情を体験することも必要なのである。

子どもの心が自然に流れる限り、「こわい」感情体験もしたくなるのは当然である。そのような④マイナスの感情を体験してこそ感情が豊かになってゆくのだ。しかし、マイナスの感情が強くなりすぎると⑤危険性が高くなる。そこで、子どもたちの信頼《しんらい》する大人にこわい話をしてもらうことは、人間関係によって⑥安全感を確保しながら、「こわい」体験ができる——ときにはそれを楽しめる——というわけで、これは子どもにとって非常に好都合な状況《じょうきょう》なのである。従って、子どもは自分の好きな大人にこわい話をせがむことになる。

このように考えると、子どもたちにこわい話をしてとせⓒがまれるのは、自分が子どもたちに信頼されていることの証拠《しょうこ》だとわかるし、喜んでそれに応じてやればよい。

（河合隼雄《かわいはやお》『おはなし　おはなし』より）

(1) ——線①「先生が疑問に思われる」とありますが、先生が疑問に思ったことを二つ箇条書《かじょうが》きにまとめなさい。　20点（各10点）

〔　　〕

〔　　〕

(2) ——線②「そのような体験」とは、どういう体験ですか。　10点

〔　　〕

UP
(3) ——線③「このあたりが難しい」とありますが、なぜ難しいのですか。説明しなさい。　15点

〔　　〕

(4) ——線④「マイナスの感情」の別の言い方を、「〜な感情」に続く形で文章中から三字でぬき出しなさい。　10点

□□□な感情

(5) ——線⑤「危険性が高くなる」とありますが、どんな危険性が高くなるのですか。　10点

〔　　〕

(6) ——線⑥「安全感」とありますが、どういう感情ですか。説明しなさい。　10点

〔　　〕

(7) この文章は、幼稚園の先生への回答にあたりますが、その内容として最も適切なものを次の中から選び、記号で答えなさい。　15点

〔　　〕

ア 子どもの情緒の発達には「こわい」体験が必要で、マイナスの感情を体験しなければ豊かな感情は育たない。だから、余計なことを考えずにこわがらせてやるのがよい。

イ 子どもの情緒の発達には、一方的に与《あた》えるだけのテレビや映画ではなく、先生が子どもと一緒《いっしょ》にいて「こわい話」を読んであげることが、非常に大切なことである。

ウ 「教訓的」な話より子どもがせがむ「こわい話」をするほうが、子どもとの関係がより安全で好都合な状況になる。

エ 子どもの情緒の発達には、いろいろな感情を体験することが大切である。子どもが信頼する大人に「こわい話」をしてもらうことで豊かな感情が育つのだから、してやるとよい。

(8) ═線ⓐ〜ⓒの言葉のうち、尊敬の助動詞が使われているものを選び、記号で答えなさい。　10点

〔　　〕

第8日 ステップ1

詩・短歌

月　日

解答 別冊 p.9

①次の詩を読んで、下の問いに答えなさい。

虫

八木重吉《やぎじゅうきち》

虫が鳴いてる
いま　ないておかなければ
もう駄目《だめ》だというふうに鳴いてる
しぜんと
涙《なみだ》がさそわれる

（『貧しき信徒』所収）

(1)　この詩の種類を次の中から選び、記号で答えなさい。

ア　文語定型詩　**イ**　文語自由詩
ウ　口語定型詩　**エ**　口語自由詩

❶　〔　　〕

(2)　この詩に描《えが》かれている情景はいつですか。次の中から選び、記号で答えなさい。

ア　夏の夜　**イ**　秋の夜
ウ　春の朝　**エ**　冬の朝

❷　〔　　〕

(3)　次はこの詩の解説文です。□にあてはまる言葉をあとから選び、記号で答えなさい。

作者は、虫が［①］鳴いていると受け止め、その姿に［②］を感じている。

ア　絶望的に　**イ**　ひかえめに
ウ　必死に　**エ**　短い命の輝《かがや》き
オ　季節の移り変わり

❸　①〔　　〕　②〔　　〕

❶詩の分類

定型詩　各行の音数や行数に一定のきまりがある。
自由詩　音数や行数にきまりがない。
散文詩　普通《ふつう》の文章のような表現の中に、詩としてのリズムを持った詩。
口語詩　口語体で書かれた詩。自由詩に多い。
文語詩　文語体で書かれた詩。定型詩に多い。

ここに注意
歴史的仮名遣《かなづか》いが用いられていても、それは表記であって、文語体とは限らない。

❷詩の情景

季節はいつか、作者はどこにいるのか、を考える。

❸詩の主題

作者が何に感動したのかを、素直《すなお》な気持ちで考える。

② 次の短歌を読んで、下の問いに答えなさい。

A　草わかば色鉛筆《いろえんぴつ》の赤き粉《こ》の
　ちるがいとしく寝《ね》て削《けず》るなり　北原白秋《きたはらはくしゅう》

B　瓶《かめ》にさす藤《ふじ》の花ぶさみじかければ
　たたみの上にとどかざりけり　正岡子規《まさおかしき》

C　風暗き都会の冬は来《きた》りけり
　帰りて牛乳《ちち》のつめたきを飲む　前田夕暮《まえだゆうぐれ》

D　白鳥《しらとり》は哀《かな》しからずや空の青海のあを《オ》にも
　染まずただよふ《ウ》　若山牧水《わかやまぼくすい》

E　やは《ワ》らかに柳《やなぎ》あを《オ》める
　北上《きたかみ》の岸辺目に見ゆ
　泣けとごとくに　石川啄木《いしかわたくぼく》

---

(1) 字余りの短歌が一つあります。記号で答えなさい。 ❹〔　　〕

(2) CとDの短歌は何句切れか答えなさい。
C〔　　〕句切れ　D〔　　〕句切れ ❺

(3) Eの短歌は、第五句が「見ゆ」を修飾《しゅうしょく》しています。用いられている表現技法を答えなさい。 ❻〔　　〕

(4) 次の解説に合う短歌の記号を答えなさい。

① 季節をよみながら、冷たく厳しい都会に生きる人の実感がこめられている。〔　　〕

② 鮮《あざ》やかな色の対比に見とれる、若者らしいしぐさがイメージできる。〔　　〕

③ 病床《びょうしょう》にある作者の低い視線から、対象をとらえている。〔　　〕

④ 色彩の対照の美しさと、妥協《だきょう》を拒む孤高《ここう》の精神を暗示している。〔　　〕

⑤ 実際に見ている風景ではなく、回想している望郷の歌である。〔　　〕 ❼

---

❹短歌の形式
五・七・五・七・七の五句三十一音。音数より多くよまれている歌を**字余り**、少ない歌を**字足らず**という。

❺短歌の句切れ
意味やリズムの切れ目のこと。句切れのところに感動がある。途中《とちゅう》で切れないものは、**句切れなし**という。

ここに注意
句切れの場所
・「や」「ぞ」「かな」
・用言や助動詞の終止形
・そこで言い切る体言

❻表現技法
倒置《とうち》法　主語と述語、修飾語と被《ひ》修飾語の順序を入れ替《か》えて、印象を強める。
反語　疑問形で表現し、表現とは反対の自分の気持ちを表す。

❼情景・主題
まず情景を思い浮《う》かべて、主題を考える。

詩・短歌

復習完成テスト

1 次の詩を読んで、あとの問いに答えなさい。

手　　山村暮鳥《やまむらぼちょう》

しつかりと
にぎつてゐた手を
ひらいてみた

ひらいてみたが
なんにも
なかつた

しつかりと
にぎらせたのも
さびしさである

それをまた
ひらかせたのも
さびしさである

（『雲』所収）

時間 20分　目標 80点

得点　　点

解答 別冊 p.9

(1) この詩の用語・形式・表記について、次の文の□にあてはまる言葉や漢数字を答えなさい。　15点(各3点)

この詩は[①]語[②]詩に分類され、一連が[③]行の[④]連から成り、表記は「[⑤]」以外全て平仮《ひらが》名《な》である。

① 〔　　〕　② 〔　　〕　③ 〔　　〕
④ 〔　　〕　⑤ 〔　　〕

(2) この詩の構成について、次の文の[①]・[②]にあてはまる言葉をあとの〔　〕から選び、[③]〜[⑥]は適切な漢数字を答えなさい。　18点(各3点)

この詩は、大きく前半と後半に分けられる。前半は[①]で、後半は[②]を表している。第[③]連は第[④]連の、第[⑤]連は第[⑥]連の場面に対する心情である。

〔心情　事実　空想〕

① 〔　　〕　② 〔　　〕
③ 〔　　〕　④ 〔　　〕　⑤ 〔　　〕　⑥ 〔　　〕

(3) この詩の内容について、次の文の□にあてはまる言葉を詩の第三・四連からぬき出しなさい。　12点(各4点)

この詩の主題は「[①]」で、最初の「[②]」行為《こうい》には強さがあり、反対に次の「[③]」行為には弱さが感じられる。

① 〔　　〕　② 〔　　〕　③ 〔　　〕

2 次の短歌を読んで、あとの問いに答えなさい。

A　ふるさとの訛《なまり》なつかし
　停車場の人ごみの中に
　そを聴《き》きにゆく
　　　　　　　　　　石川啄木《いしかわたくぼく》

B　海恋《こひ》し潮《しほ》の遠鳴《とほな》りかぞへては少女《をとめ》となりし父母の家
　　　　　　　　　　与謝野晶子《よさのあきこ》

C　死に近き母に添寝《そひね》のしんしんと遠田《とほた》のかはづ＊天に聞《きこ》ゆる
　　　　　　　　　　斎藤茂吉《さいとうもきち》

D　いちはつの花咲《さ》きいでて我目《わがめ》には今年ばかりの春ゆかんとす
　　　　　　　　　　正岡子規《まさおかしき》

E　九十九里《くじふくり》の波の遠鳴《とほな》り日のひかり青葉の村を一人来にけり
　　　　　　　　　　伊藤佐千夫《いとうさちお》

＊かはづ＝かえる。

(1) AとBの短歌は何句切れか、答えなさい。　6点(各3点)

A〔　　〕句切れ　B〔　　〕句切れ

(2) Aの短歌の「そ」が指しているものを、短歌の中の言葉で答えなさい。　4点

〔　　　　〕

(3) 短歌の音数から考えて、Bの「父母」はどのように読むとよいですか。平仮名で答えなさい。　4点

〔　　〕

(4) Cの短歌の「しんしんと」の意味を解説した次の文の、□にあてはまる言葉を答えなさい。　6点(各3点)

①がふけて、ひっそりと静まり返っていく様子と、遠い田の②が天から聞こえてくるように心にしみ入る様子を表す。

①〔　　〕　②〔　　〕

(5) Dの短歌の「春ゆかんとす」を現代語訳しなさい。　6点

〔　　　　〕

UP

(6) Eの短歌について解説した次の文の□にあてはまる一字を答えなさい。　6点(各3点)

一・二・三・五句に「①」の音が用いられて、脚韻《きゃくいん》のような効果を上げている。季節は②である。

①〔　　〕　②〔　　〕

(7) Eの短歌は何句切れか答えなさい。　3点

〔　　〕句切れ

(8) 次の言葉に合った短歌をA～Eから選び、記号で答えなさい。　20点(各5点)

①　肉親の死〔　　〕　②　望郷の思い〔　　〕

③　甘美《かんび》な追憶《ついおく》〔　　〕　④　死の覚悟《かくご》〔　　〕

第8日

古典

月　／　日

解答 別冊 p.10

① 次の文章を読んで、下の問いに答えなさい。

今は昔、竹取《たけとり》の翁《おきな》といふもの＜ありけり。野山にまじり《分け入って》て竹を取りつつ、よろづのことに使ひけり。名をば、さぬきのみやつことなむいひける。

その竹の中に、もと《根もとの》光る竹なむ一筋ありける。あやしがりて《不思議に思って》、①寄りて見るに、筒《つつ》の中＜光りたり。それを見れば、三寸ばかりなる人＜、いとうつくしうてゐたり。

翁言ふやう、「われ、朝ごと夕ごとに見る竹の中におはする《いらっしゃる》にて知りぬ。子になりたまふべき《子におなりになるはずの》人なめり《人であるようだ》。」とて、手にうち入れて、家へ持ちて来《き》ぬ。妻《め》《妻で》の嫗《おうな》《あるおばあさん》に預けて養はす。うつくしきこと限りなし。②いと幼ければ、籠《こ》《かご》に入れて養ふ。

（『竹取物語』より）

(1) ‖線の部分を現代仮名遣《かなづか》いに直しなさい。❶
① いふ〔　　〕
② 使ひ〔　　〕
③ うつくしう〔　　〕
④ 言ふやう〔　　〕

(2) 現代語訳で、＜の箇所《かしょ》にどんな助詞を補うとよいですか。平仮名一字で答えなさい。❷〔　　〕

(3) ――線①・②の主語にあたる人物を、文章中の言葉で答えなさい。❸
①〔　　〕
②〔　　〕

(4) 文章中の「うつくし」の意味を答えなさい。❹〔　　〕

❶歴史的仮名遣い
- **語頭以外のハ行**
  →わ・い・う・え・お
- **ゐ・ゑ・を**→い・え・お
- **くわ・ぐわ**→か・が
- **ア段＋ふ(う)**→オ段＋う
  まうす→もうす
- **イ段＋ふ(う)**→イ段＋ゅう
  かなしう→かなしゅう
- **エ段＋ふ(う)**→イ段＋ょう
  てふ→ちょう

❷助詞の省略
- **が・は**　主語を表す。
  昔、男(**が**)ありけり。
- **を**　目的語を表す。
  炭(**を**)もて渡《わた》るも…

❸動作主(主語)の省略
文脈から判断する。

❹現代語と意味が違《ちが》う語句
おとなし　大人びている
をかし　趣《おもむき》がある
つとめて　早朝

❷ 次の文章を読んで、下の問いに答えなさい。

楚人《そひと》に盾《たて》と矛《ほこ》とをひさぐ者あり。
之《これ》を誉《ほ》めていはく、
「吾《わ》ガ 盾 之《の》 堅《かた》キコト、 莫《な》キ二 能《よ》ク 陥《とほ》スモノ一 也《なり》ト。」 ……①
また、その矛を誉めていはく、
「吾が矛の利《り》なること、
物において陥さざるなきなり。」と。
ある人いはく、
「子《し》の矛をもつて、子の盾を陥さば、いかん。」と。
其《そ》ノ 人 弗《ざ》ル 能《あた》ハ 応《こた》フルコト 也。 ……②

（『韓非子《かんびし》』より）

【現代語訳】

楚の国の人で盾と矛を売る者がいた。
（その人が、）盾を誉めて言うことには、「私の盾の堅いことといったら、［①］。」と。
また、矛を誉めて言うことには、「私の矛の鋭《するど》いことといったら、どんなものでも［②］。」と。
（そこで、）ある人が、「あなたの矛で、あなたの盾を突《つ》いたら、どうなりますか。」と尋《たず》ねた。
その人は答えることができなかった。

---

(1) 次は……①の書き下し文です。〔　〕にあてはまる言葉を平仮名で書きなさい。
「吾が盾の堅きこと、よく陥すもの〔　　　〕。」と。 ❺

(2) ……②に、あとの書き下し文になるように、返り点(レ点)を付けなさい。
〔其《そ》ノ 人 弗《ざ》ル 能《あた》ハ 応《こた》フルコト 也。〕
書き下し文　その人応ふること能はざるなり。 ❻

(3) ［①］・［②］に入る現代語訳を次の中から選び、記号で答えなさい。
ア 突き通せるものもある
イ 突き通せるものはない
ウ 突き通せないものはない
エ 突き通せないものもある
①〔　　〕②〔　　〕 ❼

(4) この話がもとになってできた故事成語を、漢字二字で答えなさい。 ❽
［　　］

---

❺書き下し文
原文(漢字だけの文)を**訓点**(送り仮名・返り点)に従って、訓読したとおりに書いた文。

ここに注意
日本語の助詞・助動詞にあたる語句は、必ず平仮名書きにする。

❻返り点
語の左下に付けて、読む順序を示す。
レ点　一字だけ下から上に返る。
一・二点　二字以上へだてて上に返る。

❼現代語訳
二重否定　「…ないものはない」となり、強い肯定《こうてい》を表す。

❽故事成語
推敲《すいこう》　詩文の字句をあれこれ練り直すこと。
蛇足《だそく》　余計なもの。むだなもの。

古典

復習完成テスト

時間 20分　目標 80点

得点　　点

解答 別冊 p.10

1 次の文章を読んで、あとの問いに答えなさい。

春はあけぼの。①やうやう白くなりゆく山ぎは、すこしあかりて、紫《むらさき》だちたる雲の細く②たなびきたる。

夏は夜。月のころはさらなり、やみも③なほ、蛍《ほたる》の多く飛びちがひたる。また、ただ一つ二つなど、ほのかにうち光りて④行くもをかし。雨など降るも⑤をかし。

秋は夕暮れ。夕日のさして山の端《は》⑥いと近うなりたるに、烏《からす》の寝《ね》どころへ行くとて、三つ四つ、二つ三つなど⑦飛び急ぐさへ⑧あはれなり。

（『枕草子《まくらのそうし》』より）

(1) ――線①「やうやう」、③「なほ」を現代仮名遣《かなづか》いに直して書きなさい。　10点(各5点)

①〔　　〕　③〔　　〕

(2) ――線②「たなびきたる」、④「行く」、⑦「飛び急ぐ」の主語は何ですか。文章中の単語で答えなさい。　15点(各5点)

②〔　　〕　④〔　　〕　⑦〔　　〕

(3) ――線⑤「をかし」、⑥「いと」、⑧「あはれなり」のここでの意味をあとから選び、記号で答えなさい。　15点(各5点)

⑤〔　　〕　⑥〔　　〕　⑧〔　　〕

ア おかしい　**イ** 非常に　**ウ** かわいそうだ
エ 趣《おもむき》がある　**オ** 急いで　**カ** しみじみとした思いだ

2 次の文章を読んで、あとの問いに答えなさい。

源氏方《げんじがた》の武将、熊谷次郎直実《くまがえのじろうなおざね》が、平家《へいけ》方の武者を取り押《お》さえたところ、わが子小次郎《こじろう》と同じ年齢《ねんれい》ほどの美しい少年だったので、殺す気がなくなった。

熊谷、「あつぱれ、大将軍や。この人一人《いちにん》討ちたてまつりたりとも、①負くべき戦《いくさ》に勝つべきやうもなし。また討ちたてまつらずとも、②勝つべき戦に負くることよもあらじ。小次郎が＊薄手《うすで》負うたるをだに、直実は心苦しうこそ思ふに、この殿《との》の父、③討たれぬと聞いて、いかばかりか嘆《なげ》きたまはんずらん。あはれ、④助けたてまつらばや。」と思ひて、後ろをきつと見ければ、＊土肥《とひ》・梶原《かぢはら》五十騎《き》ばかりで続いたり。

熊谷涙《なみだ》をおさへて申しけるは、

「助けまゐらせんとは存じ候《さうら》へども、味方の軍兵雲霞《ぐんびやううんか》のごとく候ふ。よも逃《のが》れさせたまはじ。人手にかけまゐらせんより、同じくは、直実が手にかけまゐらせて、後《のち》の御孝養《おんけうやう》をこそつかまつり候はめ。」と申しければ、

「ただ、とくとく首を取れ。」とぞのたまひける。熊谷あまりに⑤いとほしくて、いづくに刀を立つべしともおぼえず、目もくれ心も消え果てて、前後不覚におぼえけれども、⑥さてしもあるべきことならねば、泣く泣く首をぞかいてんげる。

（『平家物語』より）

＊薄手＝浅い傷。　土肥・梶原＝源氏方の武将。

(1) ——線①・②の現代語訳を書きなさい。 14点(各7点)

① 〔　　〕

② 〔　　〕

(2) ——線③「討たれぬ」の主語はだれですか。次の中から選び、記号で答えなさい。 5点

ア 小次郎　**イ** この殿　**ウ** この殿の父　**エ** 熊谷

〔　　〕

(3) ——線④「助けたてまつらばや」と熊谷が思った最大の理由は、何ですか。それがわかる一文を文章中からぬき出し、初めの三字を書きなさい。 5点

(4) ——線⑤「いとほしく」(「いとほし」)の意味を書きなさい。 5点

〔　　〕

(5) ——線⑥「さてしもあるべきことならねば」とは、どのような様子を言っているのですか。次の中から選び、記号で答えなさい。 5点

ア めまいのため、刀を刺《さ》す場所がわからなくなった様子。

イ どこに刀を刺していいかわからずに迷っている様子。

ウ かわいそうで刀を刺せず、動転して正気も失っている様子。

エ かわいそうで涙をこらえきれずに泣いている様子。

〔　　〕

3 次の漢詩と書き下し文を読んで、あとの問いに答えなさい。

静夜思《せいやし》　李白《りはく》

牀《しやう》前《ぜん》看《み》ル二月光ヲ一
疑フラクハ是《こ》レ地上ノ霜《しも》カト
挙《あ》ゲテレ頭《かうべ》ヲ望《み》ミ二山月ヲ一
低《た》頭思故郷

牀＊前月光を看る
疑ふらくは是れ地上の霜かと
頭を挙げて山月を望み
頭を低れて故郷を思ふ

＊牀前＝寝台《しんだい》の前。

(1) この詩の形式を次の中から選び、記号で答えなさい。 5点

ア 五言絶句　**イ** 七言絶句

ウ 五言律詩　**エ** 七言律詩

〔　　〕

(2) 承句(第二句)の「疑ふらくは」とは、何を、何かと疑ったのですか。 8点(各4点)

〔　　〕を〔　　〕かと。

(3) 転句(第三句)と結句(第四句)のような関係にある句を何といいますか。漢字で書きなさい。 5点

〔　　〕

(4) 転句と結句には同じように返り点が付きます。結句に訓点(送り仮名・返り点)を付けなさい。 8点

〔低　頭　思　故　郷〕

第9日

表現

①中学校の生徒会で、ボランティア活動への参加を呼びかけています。地域の社会的活動（防災や交通安全、文化・スポーツ行事など）や、福祉施設《ふくししせつ》、幼稚園《ようちえん》・保育園等での活動です。あなたのボランティア活動について、あとの条件に従って書きなさい。

〔条件〕

1 あなたが今までに参加したことのあるボランティア活動を具体的に書く。参加したことがなければ、どのような活動に参加したいかを書く。

2 参加したことのある（参加したい）ボランティア活動について、あなたの思い（参加した理由または参加したい理由や、感想など）を書く。

3 1・2の順に二段落構成とし、原稿《げんこう》用紙の使い方に従って、下段の解答欄《かいとうらん》に百字（10行）以上百二十字（12行）以内の縦書きで書く。

4 氏名、題名は書かずに、本文から書き始めること。

12	11	10	9	8	7	6	5	4	3	2	1

❶課題作文と条件作文
題を指定しているのが課題作文。二段落で、こういう段どりで、など、条件を指定しているものが条件作文。

❷原稿用紙の使い方
- **題名と氏名** 特に指定されていない場合、題名は一行目の三〜四字めから、氏名は二行めの下方に書く。
- **本文** 三行めから、最初の一字分を空けて書く。
- **改行** 最初の一字分を空ける。会話文はなるべく改行し、「」で囲む。
- **句読点や記号・符号《ふごう》** 一字分を使う。句読点などは行の初めには書かず、前の行の最後に付ける。

❸意見文の書き方
序論（問題提起）、本論（説明）、結論（主張）の三部構成にすると書きやすい。

月／日

解答 別冊 p.11

② 次のグラフは、満10歳《さい》～満17歳の青少年（五千人）を対象に、インターネットの利用状《じょう》況《きょう》（利用時間）の調査結果を表したものです。このグラフを見て、気づいたこと、感じたことを、あなた自身や、あなたの家族の体験と結びつけて書きなさい。ただし、次の注意に従うこと。

〔注意〕
・題名や氏名は書かないこと。
・書き出しや段落の初めは一字下げること。
・下段の解答欄に、百五十字（15行）以上、百七十字（17行）以内の縦書きで書くこと。

青少年のインターネット利用時間
（利用機器の合計 / 平日１日あたり３時間以上）

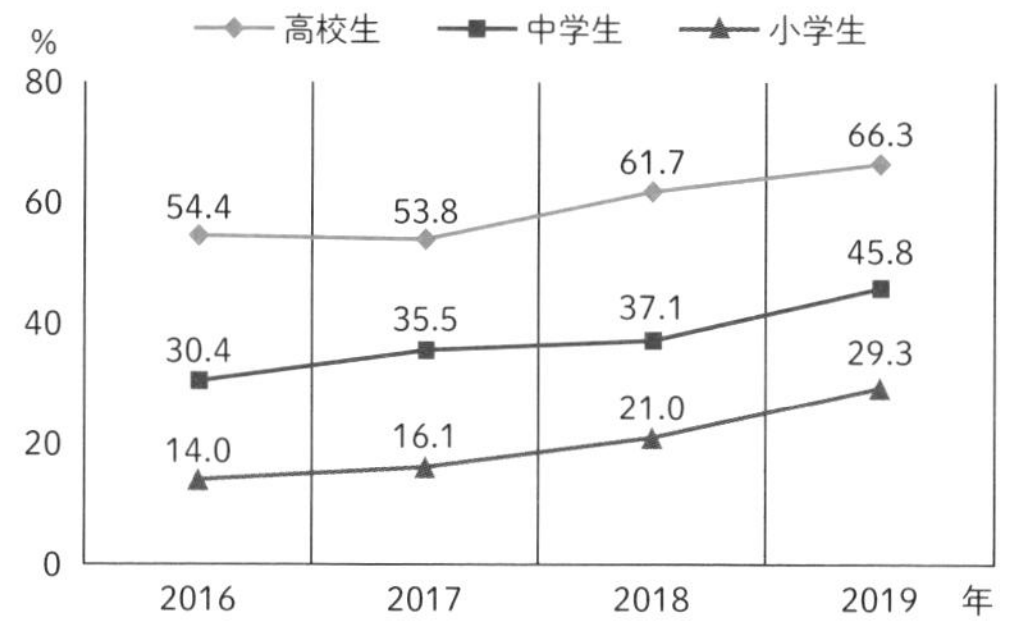

内閣府「令和元年度 青少年のインターネット利用環境《かんきょう》実態調査」より

❹グラフや表を見て書く作文

1 項目《こうもく》別に数値や割合を見て、特徴《とくちょう》をつかむ。
2 年月や時間に伴《ともな》う変化や、調査の対象による違《ちが》いに着目する。
3 1・2で気付いたことや自分の意見をメモしておく。
4 メモをもとに「条件」「注意」などに従って書く。

❺写真・イラスト・文章・ことわざなどをもとに書く作文

1 課題に表された情景や内容からテーマをとらえる。
2 自分の日常生活や体験と結び付け、意見や感想を「条件」などに従って書く。

❻作文の手順

1 何を書く問題なのかを理解する。
2 解答を一文程度でまとめ、書く方向を明確にする。
3 条件に合わせて作文の構成を決め、文章を書く。
4 字数を確認《かくにん》する。
5 読み直して推敲《すいこう》する。

表現 復習完成テスト

時間 30分 目標 80点

得点　　点

解答 別冊 p.11

1 **次の意見A・Bは、最近の新しいカタカナ語（外来語や和製英語、その略語。「IT」「グローバル化」など）に対する意見です。この二つの意見のうち、あなたの考えに近いものを選び、そう考える理由を含《ふく》めて、あとの注意に従って、あなたの意見を書きなさい。** 50点

意見A 新しいカタカナ語も使うことによって浸透《しんとう》していくので、日常で大いに使うべきだ。

意見B 新しいカタカナ語は正確な意味がわからないので、日常ではあまり使うべきではない。

〔注意〕
1 段落や構成に注意して、自分の体験（見たこと聞いたことなども含む）をふまえて書くこと。
2 文章は、百八十字（15行）以上、二百字（17行）以内で書くこと。
3 原稿《げんこう》用紙の使い方に従って、文字、仮名遣《かなづか》いも正確に書くこと。
4 題名・氏名は書かないで、一行目から本文を書くこと。

2 **次のグラフA、Bは、国語に関する調査の結果の一部です。第一段落には、これら二つのグラフを見て気づいたことを書き、第二段落には、第一段落の内容をふまえて、「国語の授業で学習したことは、役に立つか」について、あなたの体験をもとに、考えを書きなさい。ただし、あとの注意に従って書くこと。** 50点

国語の授業で学習したことは、将来、社会に出たときに役に立つと思うか

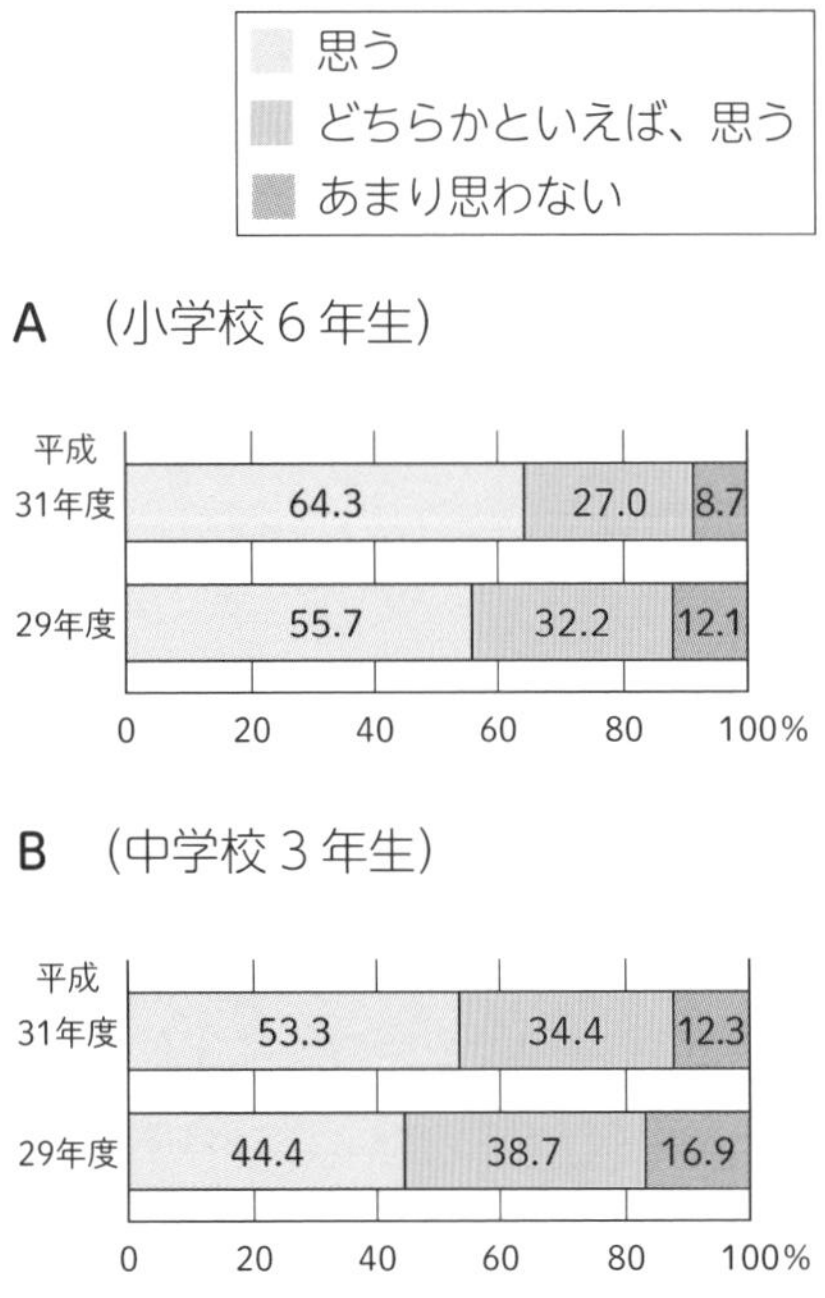

平成31年度（令和元年度）　全国学力・学習状況《じょうきょう》調査より

〔注意〕
1 題名・氏名は書かないで、一行目から本文を書くこと。
2 二段落構成とすること。
3 百八十字（15行）以上、二百字（17行）以内で書くこと。
4 グラフの数値を使う場合は、次の例にならって書くこと。（例）三〇％　五六％　一九・九％

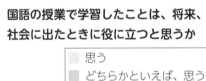

1の解答欄

17	16	15	14	13	12	11	10	9	8	7	6	5	4	3	2	1	
																	1
																	2
																	3
																	4
																	5
																	6
																	7
																	8
																	9
																	10
																	11
																	12

2の解答欄

17	16	15	14	13	12	11	10	9	8	7	6	5	4	3	2	1	
																	1
																	2
																	3
																	4
																	5
																	6
																	7
																	8
																	9
																	10
																	11
																	12

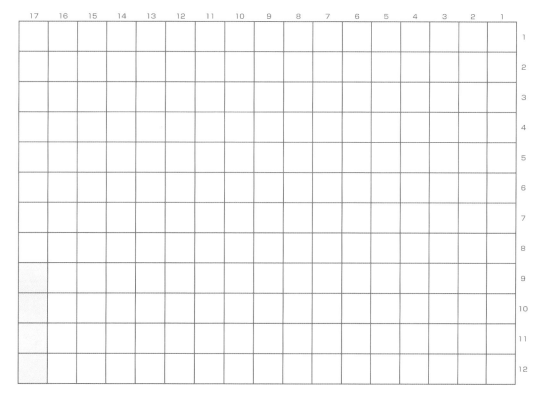

第1回 高校入試準備テスト

時間 30分　目標 70点

得点　　点

解答 別冊 p.12

1 次の文章を読んで、あとの問いに答えなさい。

〔二〇二一年度青森県改題〕50点（各10）

　県立みらい西高校の生徒会は毎年5月に改選される。去年、入学早々の選挙で事務局員、つまりヒラの生徒会メンバーになった華《はな》は、次の選挙でなんらかの「役」に立候補することになっていた。できれば、美桜《みお》が会長で自分が副会長にと思っていたのに、あてが外れた。会長には同学年の男子、加藤《かとう》が立って、美桜は副会長を目指す。

　じゃあ、自分はどうしよう。

　成績優秀《ゆうしゅう》、［Ｉ］端麗《たんれい》、人望も厚い美桜が相手では①分《ぶ》が悪すぎる。落ちると分かっている選挙のために、推薦《すいせん》人20人の署名を集め、実現もしないようなことを公約に掲《かか》げ、形の上でだけ競う。

　そんなのはバカらしすぎる。

　だから「選挙には出ません」と伝えた。おとなげないと言われたけれど、まだおとなじゃないし。

「もともと生徒会なんて向いてないよね。わたしは、リーダーの器じゃない」

　華は口の中でぼそっとつぶやいて、②自分自身に言い聞かせた。

　我ながら、まったくイケてない。華という名前からして、古風すぎて華々しさからほど遠い。おまけにいったん疑問を持つと、みんな納得《なっとく》していることでも混ぜっ返してしまう面倒《めんどう》くさい性格

問1	問2	問3	問4	問5

2 次の文法についての問いに答えなさい。

問1 「まったく弁解する言葉も見つからずに頭を下げ続ける。」の――線部が修飾《しゅうしょく》している言葉を、一文節でぬき出しなさい。　5点

問2 「方位磁針が北の方角を指している。」の――線部の動詞と活用の種類が同じものを次の中から選び、記号で答えなさい。

ア 詳細《しょうさい》は一つ一つ確認《かくにん》をしてから記入する。

イ 好きな小説の文体をまねて文章を書いた。

ウ 思いのほか大きな声で笑ってしまった。

エ 普段《ふだん》からの努力を信じて本番に臨《のぞ》む。

〔埼玉県二〇二一年度公立高校入試問題改題〕5点

だ。生徒会ってなんだろうって考え始めたら、いろんなことが気になってきて、今、選挙に向かって進もうとしているメンバーと話が合わなくなってしまった。

本当に生徒会って［Ⅱ］だらけだ。選んでくださった人たちの意思を尊重しなければならないのに、実際は、先生の思惑《おもわく》と生徒の願望の間で板挟《いたばさ》みになることがほとんどだし、いくらがんばっても、部活動の予算のことで恨《うら》まれたり、ささいな不手際《ふてぎわ》を責められたりもする。1年でやめて正解だ。

でも、これからは「帰宅部」になってしまうんだろうなあと考えたら、ちょっと泣けてきた。なんだか居場所がない感じがする。こんなに心細いのは、泣き虫だった小学校低学年の頃《ころ》以来かもしれない。

（川端裕人《かわばたひろと》『風に乗って、跳《と》べ　太陽ときみの声』より）

問1　［Ⅰ］に入る言葉を漢字二字で書きなさい。

問2　――線①「分が悪すぎる」とありますが、具体的にはどういうことですか。

問3　――線②「自分自身に言い聞かせた」とありますが、このときの華は、どのように思っていたのですか。

問4　［Ⅱ］に入る言葉として最も適切なものを次の中から選び、記号で答えなさい。

ア 格差　**イ** 空想　**ウ** 矛盾《むじゅん》　**エ** 偽物《にせもの》

問5　この文章の華の気持ちを、次の言葉に続けて書きなさい。

生徒会をやめるのは正解だと思いこもうとしているが、［　　　］。

問3　「すでに支度《したく》を済ませた。」の――線部の「に」と文法的に同じ用法のものを次の中から選び、記号で答えなさい。〔神奈川県改題〕5点

ア 今朝は特に冷え込《こ》んだ。　**イ** 彼女《かのじょ》は穏《おだ》やかに話す。

ウ 景色に目を奪《うば》われた。　**エ** 寒いのに薄着《うすぎ》で過ごす。

問1	問2	問3

UP 3　次の――線部の漢字の読み方を書きなさい。〔新潟県改〕15点（各3）

① 春が近づくと寒さが緩む。

② 観客の応援《おうえん》が熱気を帯びる。

③ 収入と支出の均衡を保つ。

④ 新作の映画を披露する。

⑤ 名案が脳裏にひらめく。

①	②	③	④	⑤

4　次の――線部を漢字で書きなさい。〔新潟県改〕15点（各3）

① 木のミキから枝が伸《の》びる。

② 文房具《ぶんぼうぐ》店をイトナむ。

③ 重要なヤクワリを果たす。

④ 漁獲量《ぎょかくりょう》のトウケイをとる。

⑤ 作業のコウリツを高める。

①	②	③	④	⑤

5　次の――線部とほぼ同じ意味の慣用句をあとから選び、記号で答えなさい。〔静岡県改題〕5点

食料不足で苦しむ人々に対し、恥《は》ずかしくてひけめを感じる。

ア 歯が立たない　**イ** 頭をかかえる

ウ 耳に逆らう　**エ** 肩身《かたみ》が狭《せま》い

第2回 高校入試準備テスト

時間 30分　目標 70点

得点　　点

解答 別冊 p.14

1 次の文章を読んで、あとの問いに答えなさい。〔大阪府改題〕

*カサスゲが笠《かさ》の材料として適しているのには理由がある。

カサスゲはカヤツリグサ科の植物である。カヤツリグサ科の植物の多くは茎《くき》の断面が三角形をしている。ふつうの植物は茎の断面が丸いので、どの方向にも曲がることができる。丸い茎をしならせることによって外部からの力に耐《た》えるのである。ところが、三角形の茎はしなりにくいが、そのかわり頑丈《がんじょう》である。三角形は、もっとも少ない数の辺で作られているので、同じ断面積であれば、外からの力に対してもっとも頑丈な構造になっている。鉄橋や鉄塔《てっとう》が三角形を基本とした構造をしているのもそのためである。そのうえ、カヤツリグサは三角形の茎の外側を強靭《きょうじん》な繊維《せんい》でしっかりと覆《おお》って、頑丈さを補っている。カサスゲのこの丈夫な繊維が、笠を編む材料として非常に適している。紙の原料植物として「ペーパー」(Paper)の語源にもなったパピルス(Papyrus)も、カヤツリグサ科の植物である。パピルスも茎を補強する豊富な繊維が紙の原料として優《すぐ》れていた。

このようにカヤツリグサ科の植物は三角形の頑丈な茎で成功を収めている。では、カヤツリグサ科以外の植物が、なぜこの三角形の構造を採用していないのであろうか。

丸い茎は中心からの距離《きょり》がどの方向にも等しいので、一定の圧力で隅々《すみずみ》の細胞《さいぼう》まで水を行き渡《わた》らせることができる。ところが、

問1 ——線部にある「理由」として最も適切なものを次から選び、記号で答えなさい。　10点

ア　カサスゲはどの方向にも曲がり、よくしなるから。

イ　カサスゲの茎は頑丈であり、繊維が丈夫であるから。

ウ　カサスゲは繊維が豊富であり、紙の原料にもなるから。

エ　カサスゲの茎は断面が三角形で、しなりにくいから。

問2 本文中で述べられている、多くのカヤツリグサ科の植物の茎の特徴を表した図として、最も適切なものを次から選び、記号で答えなさい。　10点

ア

イ

ウ

エ

問3 筆者は、カサスゲの茎で作った笠のどのような点が優れていると述べていますか。　20点

問1	問2	問3

三角形の茎では中心からの距離がまちまちになってしまうために、隅の細胞までは水が届きにくい。そのため、カヤツリグサ科の植物の多くは、水が潤沢《じゅんたく》な湿《しめ》った場所を好んで生えている。もちろん、カサスゲも例外ではない。

　それにしてもプラスチックや化学繊維がなかった時代とはいえ、植物の茎で雨具を作るというのは、何とも粗末《そまつ》な感じがするが、そもそも植物の茎で作った笠で、本当に雨を避《よ》けることができるのだろうか。

　雨が降るとカサスゲの茎はぬれてしまう。しかし、ぬれるのは笠の外側だけである。一度ぬれてしまえば、雨のしずくは、ぬれた茎を伝って笠の外へ流れ落ちる。そのため、雨水が中までしみ込《こ》むことは少ないのである。これは茅葺《かやぶ》きの屋根やわらで作った蓑《みの》なども同じしくみである。水をはじくプラスチックのほうが、一見すると雨にぬれないような気がする。しかし、もしプラスチックを材料とした梱包紐《こんぽうひも》で笠を編んだら、どうなるだろうか。プラスチックにはじかれて行き場のない水滴《すいてき》は、すきまを伝いながら奥へ奥へとしみ込んでしまうであろう。

　さらに、茎を編んだ菅笠《すげがさ》には隙間《すきま》があいているので、雨を避けるだけでなく、通気性もいいのが特徴《とくちょう》である。そのため、ビニールの雨合羽《あまがっぱ》のように内側がむれることは少ないのだ。粗末に見える菅笠であるが、じつは現代の科学技術も及《およ》ばない優れた機能を持っているのである。

（稲垣栄洋《いながきひでひろ》『残しておきたいふるさとの野草』より）

＊カサスゲ…菅笠を編むのに使われた植物。畦道《あぜみち》や湿った場所に生える野草。

2 次の俳句についてあとの問いに答えなさい。〔神奈川県改題〕

鵙《もず》の空書齋《しょさい》はひくゝ《（ク）》ありと思《も》ふ《（ウ）》　山口《やまぐち》　青邨《せいそん》

問1 この俳句の季語を答えなさい。 5点

問2 この俳句の説明として最も適切なものを次の中から選び、記号で答えなさい。 15点

ア 書齋で悲しげに鳴く鵙の声を聞き、狭《せま》い室内ではなく広い空こそが鵙にとっての居場所だと感じ、放つことを決意したさまを、「鵙」という語を句の頭に置くことで印象深く描《えが》いている。

イ しきりに鳴く鵙に誘《さそ》われ、閉じこもっていた書齋から出て実感した秋空の雄大《ゆうだい》さと、季節の移ろいに気付かせてくれた鵙に対する深い思いを、「鵙の空」という語句で象徴的に描いている。

ウ 行《ゆ》き詰《づ》まっている自身の現状を、「書齋はひくゝあり」という語句で明確に示すと同時に、広い空を飛んでいる鵙を見て抱《いだ》いた自由への憧《あこが》れを、明るい将来への希望を交えて描いている。

エ 書齋に聞こえてくる鵙の声に、開放的な秋空の明るさや高さが想起されるとともに、書齋やそこにいる自身が対照的に意識された感慨《かんがい》を、直接的に「思ふ」という語を用いて描いている。

問1		問2	

3 次の文章を読んで、あとの問いに答えなさい。〔大阪府改題〕15点（各5）

連阿《れんあ》といふ人有り。月みんとて友＊どちつれて、そこはかとなく①さすらひけるが、物おひて来る翁《おきな》に逢《あ》ひて、道の程など問ひければ、②そこ達《たち》は夜をかけて何用の有りてととふ。＊武蔵《むさし》のの月みんとて江戸よりまかりつと答へければ、翁手をうちて、此《こ》の年迄《まで》知らざりけり、江戸には月なきなめり、と云《い》ひけり。

＊友どち＝友だち。　武蔵の＝武蔵野。現在の関東平野西部にある地域。

問1 ——線①「さすらひける」を現代仮名遣《かなづか》いに直しなさい。

問2 ——線②「そこ達は……有りて」と言った人物を、文章中からぬき出しなさい。

問3 この文章で翁が言ったこととして適切なものを次の中から選び、記号で答えなさい。

ア「今年は武蔵野で月を見ることができないようだ」
イ「江戸に月がないことを今まで知らなかった」
ウ「武蔵野の月も江戸の月も同じ月だと知らなかったのか」
エ「江戸の月は武蔵野の月とは違《ちが》うようだ」

問1	問2	問3

4 ——線部の敬語の使い方の正しいものを次の中から選び、記号で答えなさい。〔新潟県改〕5点

ア 姉が描《か》いた絵を拝見してください。
イ あなたが私に申したことが重要です。
ウ 私が資料を受け取りにまいります。
エ 兄は先に料理を召し上がりました。

5 「叔父《おじ》は温厚□な人柄《ひとがら》だ。」の□にあてはまる言葉を次の中から選び、記号で答えなさい。〔愛知県改題〕5点

ア 折衷《せっちゅう》　**イ** 倹約《けんやく》　**ウ** 一遇《いちぐう》　**エ** 篤実《とくじつ》

6 次の条件に従って、文章を書きなさい。〔岐阜県改題〕15点

友だちと話し合うとき一番大切だと思うのはどのようなことですか。あなたが一番大切だと思うことを書き、そのように考えた理由を、具体的な例や体験を交えて書きなさい。百二十字以上、百八十字以内で書くこと。

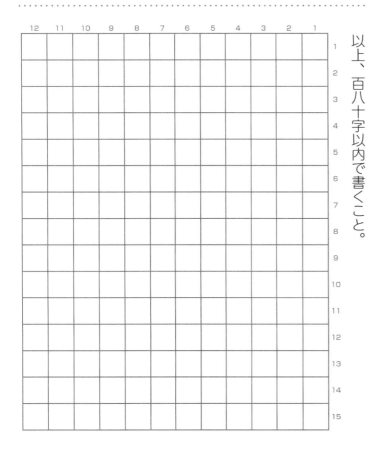

別冊

取りはずしてご使用ください。

ホントにわかる
中1・2年の総復習
国語

解答と解説

新興出版社 shinko publishing

第1日 漢字

本冊 p.4~7

ステップ1

① ①はぶ ②かえり ③やわ ④なご ⑤あらわ ⑥いちじる ⑦うつ ⑧は ⑨ぶんべつ ⑩ふんべつ ⑪いちぎょう ⑫いっこう ⑬くふう ⑭こうふ

② ①なが ②ただよ ③おお ④うなが ⑤おだ ⑥いまし ⑦おもむ ⑧あやつ ⑨まぎ ⑩おごそ ⑪とぼ ⑫おちい ⑬なめ ⑭にぶ

③ ①痛 ②傷 ③追 ④負 ⑤整 ⑥調 ⑦延 ⑧伸 ⑨象 ⑩照 ⑪開 ⑫解 ⑬検 ⑭倹 ⑮機関 ⑯器官 ⑰寒波 ⑱看破 ⑲既製 ⑳規制

④ ①補 ②捕 ③減 ④滅 ⑤慢 ⑥漫 ⑦効 ⑧功 ⑨積 ⑩績

⑤ ①営み ②直ちに ③鮮やか ④賢い ⑤健やか ⑥潤す ⑦悔しい

ステップ2

1 ①ひ ②はず ③こお ④こご ⑤あぶ ⑥あや ⑦ゆ ⑧むす ⑨ざっ ⑩ぞう ⑪ぼ ⑫も ⑬りょう ⑭ぎょ ⑮おおや ⑯たいか

2 ①せば ②かか ③さと ④おとろ ⑤とどこお ⑥あざむ ⑦そこ ⑧あお ⑨あいしょう ⑩しゅしゃ ⑪かんまん ⑫くちょう ⑬ふんさい ⑭ふきゅう ⑮ほさき ⑯すがお

3 ①着 ②就 ③断 ④絶 ⑤映 ⑥生 ⑦誤 ⑧謝 ⑨快方 ⑩介抱 ⑪収拾 ⑫収集 ⑬閉口 ⑭平行

4 ①抑 ②迎 ③縁 ④緑 ⑤緒 ⑥諸 ⑦偏 ⑧遍 ⑨基 ⑩幕 ⑪侵 ⑫浸 ⑬穫 ⑭獲

5 ①改める ②承る ③預ける ④志す ⑤退ける ⑥栄える ⑦悔いる ⑧傾く ⑨耕す ⑩冷やす

解説（ステップ1）

① ①~⑧の複数の訓をもつ漢字は、送り仮名《がな》をもとに判断する。⑨~⑭の同じ熟語でも、読み方の異なるものは限られているので、覚えてしまおう。

② 日常生活の中で耳にする機会が少ない言葉は、なかなか身につかない。読みが長いとよりいっそうである。声に出して読み慣れることから始めよう。

③ **同訓異字・同音異字**のものは、使われている文の中での意味をよく考える。①歯痛、⑤整髪《せいはつ》、⑦延長、と熟語にするとわかる。

④ ⑤~⑩の、形が似ていて読みも同じものは、特に注意して使い分けができるようにしよう。

⑤ 送り仮名も含《ふく》めての音数が長いものは間違《まちが》えやすい。自信がないものは必ず辞書で確認《かくにん》しておこう。

解説（ステップ2）

1 複数の音読みがある漢字は、熟語によってどの音で読むかが決まる。訓読みの場合は、送り仮名によって決まる。

2 ①~⑧は、読みが長いものや、普段《ふだん》使うことの少ない漢字である。⑨~⑯は、出題されやすい熟語である。できなかった問題は、再度やってみよう。

3 ⑨~⑭の**同音異義語**はよく出題される。意味、用例とともに確実に覚えるようにしよう。

4 形の似ている漢字である。⑪・⑫、⑬・⑭は、読みも同じで、よく出題される。

5 送り仮名をどの部分から付けるか迷う漢字である。⑦は「悔《く》いる・悔《く》やむ・悔《くや》しい」となるので覚えよう。

入試につながる

漢字の読みと書きは、大設問でほぼ同数出題される。ケアレスミスに注意しよう。

パワーアップ

同訓異字…同じ訓読みをもつ漢字が複数ある場合をいう。

おかす
- 罪を犯す
- 領土を侵す
- 危険を冒す

「犯罪」「侵略《しんりゃく》」「冒険《ぼうけん》」と熟語で考えよう。

同音異字…音読みが同じで、形も似ている漢字は注意しよう。

・カン 観・歓・勧
・ケン 検・険・剣
・キュウ 求・救・球

同音異義語…同じ音読みで意味が異なる熟語をいう。

・タイショウ
- 左右対称
- 対照的な性格
- 中学生が対象
- 対症療法《りょうほう》

第2日 熟語

本冊 p.8〜11

ステップ1

① ①エ ②オ ③イ ④ウ ⑤ア ⑥イ ⑦オ ⑧ウ
⑨エ ⑩ア ⑪エ ⑫ア ⑬オ ⑭イ ⑮ウ ⑯ア

② ①ウ ②イ ③ア ④ウ ⑤イ ⑥ア ⑦ウ ⑧ア
⑨ウ ⑩イ

③ ①ア ②エ ③ウ ④イ ⑤エ ⑥エ ⑦ウ ⑧ア
⑨イ ⑩ウ

④ ①ア ②ア ③ア ④ウ ⑤イ ⑥イ ⑦ウ ⑧ウ

⑤ ①イ ②ク ③キ ④オ ⑤ア ⑥コ ⑦ウ ⑧エ
⑨ケ ⑩カ

⑥ ①ア ②エ ③イ ④エ ⑤ウ ⑥ア ⑦イ ⑧ウ

⑦ ①四・八・イ ②三・四・ウ ③一・一・ア
④七・八・エ

ステップ2

1 ①ウ ②ア ③イ ④ウ ⑤ウ

2 ①ア ②ウ ③イ ④エ ⑤ア ⑥ウ ⑦イ ⑧エ

3 ①ア ②エ ③エ ④ウ ⑤イ ⑥ア ⑦イ ⑧ウ

4 ①ウ・エ・ケ ②イ・オ・ク ③ア・カ・キ

5 ①ア ②ア ③イ ④エ ⑤ウ ⑥イ ⑦ウ ⑧エ

6 ①イ・カ ②ア・コ ③ウ・ク ④エ・オ
⑤キ・ケ

7 ①しばふ ②いなか ③みやげ ④むすこ
⑤ここち ⑥つゆ ⑦えがお ⑧かぜ

8 ①閉 ②末 ③軽 ④敏 ⑤否 ⑥支 ⑦下 ⑧縦
⑨低 ⑩疎

9 ①イ ②ア ③カ ④ウ ⑤エ ⑥キ ⑦オ ⑧ク

10 ①オ ②エ ③ア ④イ

解説（ステップ1）

① ①言葉の意味を考えるために、訓読みしてみよう。③近い所、④火を消す、⑤公が立てる、の意味になる。

② 言葉の意味を考えて、助詞を補ってみよう。①博物の館、②旅の日記、と分けられる。

③ 打ち消しの**接頭語**である。「不・非・無・未」の漢字の意味を知っておくことが大切。

④ **ア**の「化」は、「…の性質になる」の意味の**接尾語**《せつび》。

⑤ 共通する漢字を含《ふく》んだ対義語である。共通しないほうの漢字が、反対の意味を表している。

⑥ 訓読みを平仮名《ひらがな》、音読みを片仮名で書いて、考えてみよう。④「台《だい》」、⑤「地《じ》」は音読みである。

⑦ 上下二字ずつが組になっている四字熟語である。

解説（ステップ2）

1 ⑤の**ウ**は、「骨が折れる」の意味。

2 接頭語の付いた二字熟語である。③文意を考える。

3 ②劇の一場面のような、の意である。

4 ①対等に並んだ三字熟語は限られている。覚えよう。

5 ④非常の出入り口、の意。「常口」の熟語はない。

6 ③の読み方ができるものは限られている。①・②が一般的な読み方である。

7 **熟字訓**は、言葉としてまとまった読み方をする。覚えなければならない。

8 対義語の漢字を組み合わせて、①開閉、③軽重、⑥収支、⑦上下、…と二字熟語ができる。

9 二字熟語を組み合わせてできた、四字熟語である。

10 二字熟語二つは、①主語と述語、②四字が対等、③上が下を修飾《しゅうしょく》、④上と下が似た意味の組み合わせ。

入試につながる

同じ構成の熟語を選ぶ問題や、打ち消しの接頭語を付ける問題がよく出題される。

パワーアップ

接頭語…他の単語の前に付いて、いろいろな意味を付け加えたり、語調を整えたりする語。打ち消しの意味の語のほか、尊敬の意味の「ご」や「お」などがある。

接尾語…他の単語のあとに付いて、ある意味を付け加えたり様子を表したりする語。「痛さ」「子どもっぽい」「春らしい風」「選手たち」など。

熟字訓…中学校で学習する言葉を覚えよう。
相撲＝すもう
五月雨＝さみだれ
木綿＝もめん

第3日 語句

本冊 p.12〜15

ステップ1

①①ア／カ・ケ ②イ／ク・コ ③ウ／サ・シ ④エ／オ・キ

②①なさいますか ②うかがいます〔お聞きします〕 ③参ります〔うかがいます〕 ④ご覧（になって） ⑤いただいて

③①ア ②イ ③イ ④ア ⑤ア ⑥イ

④①ウ ②ア ③エ ④イ ⑤キ ⑥カ ⑦オ ⑧ク

⑤①肩 ②首 ③手 ④顔 ⑤鼻

⑥①耳 ②筆 ③三 ④不 ⑤木

⑦①ウ ②オ ③イ ④ア ⑤カ ⑥エ

ステップ2

1 ①ウ ②ア ③ウ ④イ ⑤ア ⑥ウ

2 ①参り〔うかがい〕 ②いらっしゃる〔来られる・おいでになる〕 ③なさる〔される〕 ④うかがう〔お聞きする〕 ⑤申し上げる〔申す〕

3 ①エ ②ア ③オ ④カ ⑤キ ⑥ウ ⑦イ ⑧ク

4 ①くう〔くらう〕 ②なめる ③はしる ④のむ

5 ①○ ②○ ③× ④× ⑤○ ⑥×

6 ①ウ ②ウ ③エ ④ア ⑤ウ ⑥エ

7 ①異常 ②需要 ③縮小 ④禁止 ⑤現実 ⑥全体 ⑦不安〔心配〕 ⑧終了 ⑨例外 ⑩失敗 ⑪予習 ⑫結果

8 ①残念・無念 ②利用・活用 ③親切・好意 ④要求・要望 ⑤体験・経験 ⑥運送・運搬

解説

①②は、敬語を五つに分けたときは、**謙譲語《けんじょう》Ⅰ**にあたる。④は、特定のだれかに敬意をはらうのではない。

②敬語は、話す相手や話題の中の人物に対する敬意を表す。尊敬語が相手そのものを高めるのに対し、謙譲語は、自分を低めることで相対的に相手を高める。

③「お…になる」「ご…になる」は尊敬語、「お…する」「ご…する」は謙譲語である。

④「堅い」「固い」「硬い」のように漢字で区別するとよい。

⑤体の名前を使った慣用句は多く、①の「肩《かた》」であれば、「肩を入れる」「肩を怒《いか》らす」など多数ある。

⑥意味といっしょに覚えよう。

⑦全体の意味で**対義語**となるものを覚えよう。

解説

1 ⑥は「ございます」を補助動詞として使ったもの。

2 特別な動詞の敬語は覚えてしまおう。②の「来られる」のように尊敬の助動詞を使うこともできる。

3 特定の接頭語を使用する。

4 基本的な動作を表す言葉があって、それが特定の語と結び付いている。日常的に慣れておこう。

5 ③「あごを出す」は、ひどく疲《つか》れること。ここは「足が出る」の間違《まちが》い。④「目からうろこが落ちる」が適切。⑥「歯が浮《う》く」が適切。

6 ことわざの意味を知っておこう。

7 共通する漢字一字を含《ふく》む対義語は、異なるほうの漢字が、反対の意味をもつ場合が多い。

8 類義語は漢字一字が同じものも多い。

入試につながる

敬語の問題は、公立・私立を問わずよく出題される。慣用句・ことわざは、文章題の中でも出題される。

パワーアップ

謙譲語Ⅰ…従来、謙譲語として一つにまとめられていたものを二つに分けた一つ。自分の行為《こうい》を受ける相手に対し、「申し上げる」「うかがう」とへり下って言うものを謙譲語Ⅰとし、聞き手や読み手に対し、「参る」「申す」と丁重に述べるものを謙譲語Ⅱとする。

対義語

- 対応する漢字のもの 上昇⇔下降
- 反対の字が一つ入る 開店⇔閉店
- 打ち消しの字が入る 便利⇔不便
- 全体の意味が対立 具体⇔抽象《ちゅうしょう》 建設⇔破壊《はかい》

第4日 文節・文の成分

本冊 p.16〜19

ステップ1

❶(1)①弟は／小学生だ。②犬が／猫を／追いかけた。③今日は／天気が／よい。
(2)②6 ④5 ⑤5

❷(1)〈主語・述語の順に〉①花が・咲いた ②私は・買う ③森が・ある ④車が・届いた ⑤靴は・大きい ⑥飲み物が・ない
(2)③大きな ④新しい

❸①ああ ②日曜日なので ③みなさん ④だから ⑤疲れたから ⑥読書

❹①ア ②ウ ③イ ④エ ⑤オ ⑥ア

❺①イ ②イ ③ア ④ア ⑤イ

ステップ2

1 (1)①6 ②4 ③4 ④6
(2)③9 ④13

2 (1)①結論は ②雨さえ ③× ④本は ⑤車が ⑥人々が
(2)⑦茶色い・小さな ⑧一筋・曲がりながら・地平線まで

3 〈順に〉①**ア・ウ** ②**オ・ウ・ア・イ** ③**エ・イ**

4 ①**イ** ②**ア** ③**ウ** ④**エ** ⑤**エ**

5 ①**ウ** ②**イ** ③**エ** ④**イ** ⑤**イ** ⑥**ア**

6 ①ない ②吹き荒れる ③休む ④点が

7 ①**ア・イ** ②**ウ・カ** ③**エ・オ**

解説

❶(1)文節は、文を読んでいる途中《とちゅう》で「ネ・サ・ヨ」などを入れて、自然に区切れるところで切る。
(2)②「追いかけた」は「追いかけ(る)」と「た」の二つの単語に分けられる。

❷(1)主語は「何が」にあたる文節だが、「が」の代わりに「は」「も」「さえ」「だけ」「こそ」「まで」「の」なども入る。

❸①は感動、③は呼びかけ、⑥は提示を表しているので独立語。②・⑤は接続助詞、④は接続詞からなる接続語。

❹④「そもそも」は、補足の接続詞である。

❺補助の関係になる連文節のあとのほうの文節は、**補助動詞**か**補助形容詞**(それらを含《ふく》む文節)である。

解説

1 (1)**自立語**の数を数えること。
(2)③「は」「と」は助詞。「だ」「れ」「た」は助動詞。

2 (1)③「立ち上がった」のがだれか、この文の中では示されていない。主語が省略されている文である。
(2)⑧「道が」が主語である。

3 まず述語を見て、それから主語を考えるとよい。

4 ③文節どうしが対等の関係になっている。

5 文の構造を整理することで、文意が理解できる。

6 ①**呼応**(陳述《ちんじゅつ》・叙述《じょじゅつ》)**の副詞**だが、間に別の言葉が入っている。④「小さな」と並立《へいりつ》の関係で「点が」にかかる。

7 主語と述語の関係が一つの文の中にいくつあるかを見る。①は二つあるが、一つは修飾《しゅうしょく》部として文全体の主語にかかっている。**複文**。②は**単文**、③は**重文**である。

入試につながる

文節・文の成分をつかむことは文章読解の基本であり、さまざまな形で問われる。

パワーアップ

補助動詞…「いる」「ある」「おく」など。
補助形容詞…「ない」「よい」「ほしい」など。

自立語…一つの文節には必ず一つの自立語を含む。自立語は単独でも意味がわかるのに対し、付属語は単独では意味がわからない。

呼応の副詞…あとに決まった言葉がくる。「もし〜なら」「決して〜ない」など。

文の構造…主語・述語が一回だけなら**単文**、二回以上あって、対等であれば**重文**、対等でなければ**複文**である。

第5日 品詞

本冊 p.20~23

ステップ1

①(1)①動詞 ②形容動詞(①・②逆も可) ③連体詞 ④接続詞(③・④逆も可) ⑤助動詞
(2)①体言 ②主語

②①名詞 ②形容動詞 ③助詞 ④副詞 ⑤形容詞 ⑥連体詞 ⑦感動詞 ⑧動詞 ⑨接続詞 ⑩助動詞

③(1)①五段・**ア** ②サ行変格・**エ**
(2)①連体 ②終止 ③仮定 ④連用 ⑤未然 ⑥命令

④①にっこり・**ア** ②ずいぶん・**イ** ③決して・**ウ**

⑤①**イ** ②**ウ** ③**ア**

⑥(1)①**ウ** ②**イ** ③**ア** (2)①**ア** ②**ウ** ③**イ**
(3)①**ウ** ②**イ** ③**ア**

ステップ2

1 ①形容詞 ②連体詞 ③形容動詞 ④連体詞 ⑤形容詞 ⑥助動詞 ⑦形容詞 ⑧助動詞 ⑨名詞 ⑩副詞

2 ①連体 ②仮定 ③終止 ④連用 ⑤終止 ⑥連体 ⑦未然

3 ①**キ** ②**イ** ③**ウ** ④**エ** ⑤**ア** ⑥**カ** ⑦**オ**

4 ①**ウ** ②**エ** ③**イ** ④**オ** ⑤**ア**

5 ①小高い山 ②祖母が入院したこと ③パリ ④大臣が辞職される ⑤出席

6 ①**イ** ②**ウ** ③**ア**

7 (1)①**イ** ②**ア** ③× ④**ウ** ⑤**エ**
(2)①**イ** ②**ウ** ③**ア**
(3)①**オ** ②**イ** ③**ア** ④**ウ** ⑤**エ**

解説（ステップ1）

①単語の品詞分類表は文法の基本。名称《めいしょう》と働きをしっかり覚える。

②形容詞は終止形の語尾《ごび》が「い」となるもの、形容動詞は「だ」「です」となるものである。⑥**連体詞**は覚えておこう。

③動詞の活用の種類は五つ。**活用形は六つ**。活用形は、あとに続く言葉を覚えておこう。

④副詞は主に用言を修飾《しゅうしょく》する。①は「笑った」、②は「暖かい」、③は「許さない」を修飾する。

⑤①は逆接、②は累加《るいか》、③は対比・選択《せんたく》を表す。

⑥(2)「れる・られる」の識別はよく出題される。受け身・可能・尊敬・自発の四つの意味がある。

解説（ステップ2）

1 ②「大きな」は「大きだ」とはならないので、形容動詞ではない。④も同様。⑥「吹《ふ》かない」で一文節。「ない」は助動詞。⑦接尾語「らしい」が付いた形容詞。⑨は名詞の一つの代名詞。

2 形容詞と形容動詞の活用形。ともに命令形はない。

3 呼応の副詞の空欄補充《くうらんほじゅう》はよく出題される。

4 接続詞の種類。それぞれの働きで分類している。

5 指示語を使って文と文、語と語をつないでいる。①・②・③は名詞、④は連体詞、⑤は副詞である。

6 ①**ア**・**ウ**は使役の助動詞、**イ**は「着せる」で一語の動詞。②**ア**・**イ**は助動詞、**ウ**は「大切だ」で形容動詞。③**イ**・**ウ**は形容詞、**ア**は形容動詞「きれいだ」の語幹《ごかん》。語幹で言い切る用法である。

7 (3)①～④は格助詞、⑤は接続助詞である。

入試につながる

意味・用法の同じ単語を選択する設問が多い。品詞の識別の設問も増えている。

パワーアップ

連体詞…「大きな」「小さな」「おかしな」は連体詞。

活用形は六つ…あとに続く言葉と一緒《いっしょ》に覚えておこう。

- 未然形 ない・う・よう
- 連用形 た・ます・て
- 終止形（言い切る）
- 連体形 とき・こと
- 仮定形 ば
- 命令形（言い切る）

「らしい」…助動詞の「らしい」（**推定の意味**）と、接尾語の「らしい」（いかにも**～の様子である、～にふさわしいの意味**）がある。

第6日 小説・随筆《ずいひつ》

本冊 p.24~27

ステップ1

① (1) のそのそ
(2) 直喩〔明喩〕
(3) エ
(4) ①私欲の塊 ②人の心を疑うのは、最も恥ずべき悪徳だ。
(5) ウ
(6) ただ、

ステップ2

1 (1) まばたきもせずに
(2) (例) 叔父さんが手に持った網に魚がかかり、それをすくい上げること。
(3) 雨脚は・川の
(4) 直喩〔明喩〕
(5) エ

2 (1) イ
(2) 激浪の中に立つ巌
(3) ア

解説

① (1) 「単純な」は、ここでは策略や用心をしない、の意。「買い物を背負ったままで、のそのそ王城に入っていった。」に着目し、擬態語《ぎたいご》を探す。
(2) 「…ように」を使っているので、直喩《ちょくゆ》。
(3) **消去法**で答えを導く。**ア**文中にない内容である。**イ**「戦《いくさ》に明け暮れ」てはいない。**ウ**王はこのようなことは言っていない。**エ**18~21行目に「疑うのが……信じてはならぬ。」とあるので適切。
(4) ①王の主張は「人間は、もともと私欲の塊《かたまり》さ。」に表れている。②16行目のメロスの言葉に着目する。
(5) あとに「うぬぼれているがよい。」と続けている。心からほめているわけではない。
(6) この部分から、メロスの発言は敬体になっている。

解説

1 (1) 文意がつながるかどうか置き換《か》えてみよう。
(2) 網《あみ》をすくい上げる手の動きである。
(3) 「雨脚《あまあし》」と「川の色」を対《つい》にして描写《びょうしゃ》している。
(4) 重さも長さもある蛇《へび》が投げられ、空《くう》を飛んでいる様子を、「…ような曲線」と直喩で表現している。
(5) 大きな鰻《うなぎ》だと思ったものが蛇であり、しかも自分の声で「覚えていろ。」と聞こえたことへの驚《おどろ》きと当惑《とうわく》、動揺《どうよう》によって、顔が青くなったのである。

2 (1) 世に知れわたる、評判になるという意味。
(2) 「…巌《いわお》のように」と直喩でたとえている。
(3) 二つ目の段落で、新兵衛《しんべえ》が槍《やり》の名手であること、その武者姿は「水ぎわだった華《はな》やかさ」とある。

入試につながる

読解力を問う問題は必ず出る。

文章全体の読解力を試《ため》すものとして、文の内容と合うものを選ぶ問題はよく出題される。問題文にない内容、違《ちが》う内容のものを取り去る**消去法**を用いて答えよう。

消去法…複数の選択肢《せんたくし》から不適当なものを順次消していき、最後に残ったものを正しいとする方法。

パワーアップ

対句…**対照的なものを二つ並べて、リズムを持たせる表現技法。**「春は桜、秋は紅葉《もみじ》」など。
倒置法《とうち》…**前後の語順を入れ替《か》えることで、**強調する表現技法。
省略法…述語などを省略して、余韻《よいん》・暗示を与《あた》える表現技法。「体言止め」もこの技法。

第7日 論説文

本冊 p.28〜31

ステップ1

①
(1) **ウ**
(2) ヨーロッパ人(たち)
(3) 歴史におい〜ことになる
(4) **イ**
(5) ①人間は原始〜いう考え方　②人間の生み
(6) **ア**

ステップ2

1
(1) (例)なぜ、子どもは「こわい」と騒ぎながら同じ話を何度も聴きたがるのか。／子どもにこわい話をしてもいいのか。
(2) (例)悲しみや恐怖などを味わう体験。
(3) (例)悲しみや怒りなどの感情が強すぎると、子どもの情緒が破壊されてしまうが、一方でそういう感情を体験することが、情緒の発達のために必要だ、という矛盾があるから。
(4) 否定的
(5) (例)情緒が破壊される危険性。
(6) (例)直接には、自分の身に何もこわいことが起こらないという安心感。
(7) **エ**
(8) ⓑ

解説

①
(1) 「核心《かくしん》」は物事の中心となる重要なところ、「衝《つ》く」は要所を攻撃《こうげき》する、という意味。
(2) **キーワード**は「ヨーロッパ」である。
(3) 続く「こうして」は接続詞で、このようにした結果として、の意。以下に具体的な説明がある。
(4) キーワードは「ヨーロッパ」だが、これは「相対主義」を説明するために対置的に出しているもの。
(5) ①しだいに「進歩」するという点で「直線的」である。②①は「錯覚《さっかく》にひとしい」とし、「直線的」ではないというのが筆者の考えである。
(6) 1は空間面、2は時間面で「相対主義」を説明している。

1
(1) 「そして」をはさんで「…ということである」が二回並んでいる。
(2) 子どもに「なるべく味わわせたくない」体験。
(3) 否定的な感情の体験は破壊的《はかいてき》であるが、子どもが十分に育つためには必要だからである。
(4) 「味わわせたくない」という点から、「否定的」という言葉を使っている。
(5) 逆効果になる率が高いという点を答える。
(6) 「安全感」の説明は文章中にないが、「信頼する大人に」をヒントにする。
(7) **論旨《ろんし》の読解**。**ア**は「マイナスの感情」だけが必要という点が不適切。**イ**はテレビや映画については述べていない。**ウ**は「こわい話」で安全感が生まれるのではない。
(8) ⓐとⓒは受け身である。

入試につながる

論説文では、筆者が、自分と反対の考えを取り上げて検討しながら自分の考えを述べる、というパターンが多い。筆者の考えと反対の考えを、しっかりとらえよう。

ポイントは**キーワード**である。キーワードは文章中にくり返し出てくることが多いので、何度も出てくる言葉を探そう。

パワーアップ

論旨の読解…文末の表現に気を付ける。

・事実や資料を根拠《こんきょ》に説明している場合の表現。
…である。…ない。…だ。…になる。
・考えや意見を述べている場合の表現。
…と思う。…ねばならない。…するべきである。

第8日 詩・短歌

本冊 p.32〜35

ステップ1

① (1) エ (2) イ (3) ①ウ ②エ

② (1) B (2) C三 D二 (3) 倒置法 (4) ①C ②A ③B ④D ⑤E

ステップ2

1 (1) ①口 ②自由 ③三 ④四 ⑤手
(2) ①事実 ②心情 ③三 ④一 ⑤四 ⑥二
(3) ①さびしさ ②にぎらせた ③ひらかせた

2 (1) A二 B初
(2) ふるさとの訛
(3) ちちはは
(4) ①夜 ②かえるの(鳴き)声
(5) (例)春が過ぎ去ろうとしている
(6) ①り ②夏
(7) 三
(8) ①C ②A ③B ④D

解説（ステップ1）

① (1) 現代語が用いられ、各行の**音数**が異なる。
(2) 虫の鳴く季節と時刻である。
(3) 虫が必死に鳴いている様子に、生命を感じている。

② (1) 短歌の形式や音数の数え方など、約束事を整理して覚えておこう。
(2) Cは「けり」が詠嘆《えいたん》、Dは「や」が疑問(反語)。
(3) 修飾《しゅうしょく》語と被《ひ》修飾語の順序が入れ替《か》わっている。
(4) ②Aの「草わかば」の緑と赤の対比、「寝《ね》て削《けず》るなり」が「若者らしいしぐさ」と合う。

解説（ステップ2）

1 (1) 歴史的仮名遣《かなづか》いが用いられているが、「にぎつてゐた」「ひらいてみた」など、動詞は口語である。
(2) 内容と、連の最後の行にも着目する。
(3) 手を握《にぎ》る行為《こうい》も開く行為も「さびしさ」がさせた。「さびしさ」を感じたので、そうしたのだという。しかし、その二つの行為の「さびしさ」には違《ちが》いがある。自分の内面を描《えが》いた詩。

2 (1) Bの「恋《こひ》し」は古語の形容詞の終止形。「一句切れ」とはいわず「**初句切れ**」という。
(2) 「そ」は現代語では「それ」である。
(3) 音数で数える。「ちちはのいえ」で七音になる。
(4) 夜の深まりと、かえるの声の両方にかかっている。
(5) 「ん(む)とす」は「まさに…しようとする」の意。
(6) 「の」も考えられるが第五句にあることと、**脚韻《きゃくいん》**から「り」。季節は「青葉」から夏。
(7) 「日のひかり」(三句目)は体言止めで意味が切れる。
(8) ④「今年ばかりの春」と死を覚悟《かくご》しているのはD。

入試につながる

俳句・詩・短歌の順に出題が多い。

音数の数え方
・拗音《ようおん》…小さい「ゃ・ゅ・ょ」が付いた「きゃ」「きゅ」「きょ」などはこれで一音。
・促音《そくおん》…小さい「っ」はこれだけで一音。歴史的仮名遣いでは「つ」と大きく書く。
・長音《ちょうおん》…「とう(トー)」「カー」など伸《の》ばす音は一音。

パワーアップ

短歌では、五・七・五・七・七の音数の順に一〜五句とよぶ。
初句…第一句のこと。
結句…第五句のこと。
上《かみ》の句…前半の五・七・五。
下《しも》の句…後半の七・七。
脚韻《きゃくいん》…詩などで、行や句の終わりなど、いくつかの言葉の語末を同音、または同じ母音でそろえてリズムを生む技法。

第9日 古典

本冊 p.36〜39

ステップ 1

①(1) ①いう ②使い ③うつくしゅう ④言うよう
(2) が
(3) ①翁〔竹取の翁・さぬきのみやつこ〕 ②三寸ばかりなる人
(4) かわいらしい

②(1) なきなり
(2) 其ノ人弗ルレ能ハレ応フルコト也。
(3) ①**イ** ②**ウ**
(4) 矛盾

ステップ 2

1 (1) ①ようよう ③なお
(2) ②雲 ④蛍 ⑦烏
(3) ⑤**エ** ⑥**イ** ⑧**カ**

2 (1) ①(例)負けるはずの戦に勝てるわけもない。 ②(例)勝つはずの戦に負けることもまさかあるまい。
(2) **イ**
(3) 小次郎
(4) かわいそうだ
(5) **ウ**

3 (1) **ア**
(2) 月光・(地上の)霜
(3) 対句
(4) 低レテレ頭ヲ思フ二故郷ヲ一

解説

①(1) 歴史的仮名遣《かなづか》いは決まりを覚えよう。
(2) 省略される助詞には「が・は・を」などがある。
(3) 主語は、設問箇所《かしょ》より前から探す。述語が省略されている場合は、**係り結び**に注意しよう。
(4) 現代語と意味の違《ちが》う言葉や、現代語にない言葉を整理して覚えておこう。

②(1) 「矛《ほこ》」についての書き下し文を参考にする。
(2) 一字返って読む場合はレ点、二字以上は一・二点などを使う。
(4) 故事成語は、昔から伝わる話がもとになっている。

解説

1 (2) ②「雲が細くたなびいている(のがよい)」の意味。④「蛍が……光って(飛んで)行くのも趣《おもむき》がある」の意味。
(3) よく出題される古語である。覚えておこう。

2 (1) ①「負けるにちがいない」、②「勝つにちがいない」でも正解とする。②の「よも…じ」は「まさか…ないだろう」の意味。
(2) 「この殿《との》の父が、わが子が討たれたと聞いて」の意味。
(3) 自分の子(小次郎《こじろう》)を思い出したことによる。
(5) 「そうばかりもしていられないので」の意味。指示語「そう」の内容を考える。

3 (1) **漢詩の形式**を覚えておこう。
(2) 月光を、一瞬霜《いっしゅんしも》かと疑ったところに面白《おもしろ》さがある。
(3) 漢詩の技法を覚えよう。「韻《いん》」というのもある。
(4) レ点、一・二点の打ち方を確認《かくにん》しておこう。

入試につながる

古典は、現代文との融合文《ゆうごうぶん》で出されることもある。主語(動作主)を問う問題や、内容吟味《ぎんみ》の問題はよく出題される。

パワーアップ

係り結び…本来終止形で終わる文末が、**係りの助詞が前にあると連体形や已然形《いぜん》で終わる。**

「ぞ・なむ・や・か」
↓連体形
「こそ」→已然形
後《のち》の御孝養《おんけうやう》をこそつかまつり候《さうら》はめ。

漢詩の形式…句の字数と句数(行数)によって分類する。
五字四句→**五言絶句**
七字四句→**七言絶句**
五字八句→**五言律詩**
七字八句→**七言律詩**

対句《ついく》…律詩で、三・四句、五・六句に用いられる。絶句では決まりはない。

第10日 表現

本冊 p.40〜43

ステップ1 解答例

①
私は「○○川清掃大作戦！」という、河川敷のごみ拾いボランティア活動に参加した。

河川敷の草木の茂った所や水辺に、多くの空き缶やごみが捨てられていて驚いたが、きれいに拾うと気持ちがすっきりし、達成感があった。また参加したいと思った。

（12行／114字）

②
グラフからは、小中高校生全てで、一日三時間以上インターネットを利用する人の割合が増えていることが読み取れる。年々インターネットの環境が改善され、利用機器も多くなり、身近になっているからだと思う。

私自身も、ゲームでネットを利用する時間が増えたと感じる。高校生の姉は、ＳＮＳの利用時間が多い。使い過ぎには注意しなければと思う。

（17行／161字）

ステップ2 解答例

1

意見A
現在身近な「テレビ」「ラジオ」という言葉も、もともとは外来語である。「パソコン」「エアコン」は、「パーソナル・コンピュータ」「エアー・コンディショナー」の略語だが、今は誰でもわかるだろう。最近の新しいカタカナ語の「ＩＴ」「グローバル化」も、初めは意味がわからなかったが、目にする機会が多くなると違和感がなくなり、浸透していっている。
よって、新しいカタカナ語も日常で大いに使うべきだと考える。
（17行／195字）

意見B
カタカナ語の中には、ほぼ日本語だと言ってよいものがある。「テレビ」「ニュース」「パソコン」など、わからない人はいない。しかし、祖母は、最近よく耳にする「グローバル化」の意味がわからず、「地球規模化」と説明すると理解できた。

最近、新しいカタカナ語は急速に増えており、難しいものも多い。誰もが理解できるとは言えないと思う。

よって、私は新しいカタカナ語は、日常であまり使うべきではないと考える。

（17行／194字）

2
国語の授業で学習したことが将来役に立つと答えている人は、グラフＡでは、五五・七％から六四・三％に増えている。グラフＢでは、四四・四％から五三・三％に増えている。
国語の授業で敬語を勉強したが、私は普段、敬語を意識することはほぼない。授業で学習しなければわからないままだった。だが、社会人となった兄が、仕事では敬語は絶対に必要なマナーだという。国語の授業で学習したことは役に立つと思った。
（17行／192字）

〔配点の基準〕
・求められている条件が満たされているか。
・テーマやポイントがずれていないか。
・段落ごとの内容が整理されているかどうか。

入試につながる

作文はほぼ全公立で出題されている。条件作文、表やグラフ、写真を見て意見を述べるもの、スピーチ原稿《げんこう》など多様。
表やグラフ…まず、表やグラフを読む力を養う。**数値の差**や**グラフの動き**から、何を読み取るかで作文の内容が決まる。

パワーアップ

字数は百〜二百字なので、ポイントを一つにしぼる。**序論、本論、結論**（二段落の場合は、**事実と意見**）の配分を考えて、まとまりのある作文にする。

作文の内容
内容そのものが問題になることはないが、極端《きょくたん》に反社会的な意見や、個人攻撃《こうげき》などは書かないこと。

解答

1
問1 容姿
問2 (例)美桜が副会長に立候補するのでは、自分が副会長に立候補しても落選するということ。
問3 (例)形の上でだけ競う選挙はバカらしいし、もともと自分は生徒会に向いてなく、リーダーの器ではない。
問4 ウ
問5 (例)今後のことを考えると、自分の居場所がなくなると心細くなっている

2
問1 見つからずに
問2 ウ

参考◇動詞の活用の種類の見分け方
「ない」を付けて、「ない」の上の語の形を確認《かくにん》。
・ア段→五段活用　書か(ka)ない
・イ段→上一段活用　落ち(ti)ない
・エ段→下一段活用　考え(e)ない
・こ　→カ行変格活用　来《こ》ない
・し　→サ行変格活用　しない

問3 ア

参考◇「に」の見分け方
・格助詞…体言について下の語との関係を表す。
　十時に広場に集まる。→時間・場所
・接続助詞「のに」の一部
・形容動詞の活用語尾《ごび》　静かに座《すわ》る。
・副詞の一部　すでに　特に　確かに

解説

1
問1 「容姿端麗《ようしたんれい》」という四字熟語である。「容姿」は姿かたち、「端麗」はととのっていて美しいこと。
問2 「分《ぶ》が悪い」とは、形勢が悪い、不利であるという意味を表す。華《はな》は副会長に立候補しようと思っていた。しかし、美桜《みお》が副会長を目指すことになった。美桜は「成績優秀《ゆうしゅう》、容姿端麗、人望も厚い」ので、華は、とてもかなわない、立候補しても落ちると思ったのである。
問3 ぼそっとつぶやいたのは、「生徒会なんて向いてない」「リーダーの器じゃない」だが、その前の部分でも、選挙は「形の上でだけ競う」だけだから「そんなのはバカらしすぎる」と、心の中でつぶやいている。
問4 なぜ「本当に生徒会って［Ⅱ］だらけだ」と思うのか、続く部分に理由が述べられている。生徒会は、「選んでくださった……ならないのに、実際は、……」「いくらがんばっても、……恨《うら》まれたり、……責められたりもする」という状態だからである。このような状態を表す言葉としては、つじつまが合わないことを意味する「矛盾《むじゅん》」が適切。
問5 「生徒会をやめるのは正解だと思いこもうとしているが、」と逆接の接続語があるので、「正解」とは逆の内容がくると推測できる。最後の段落の前に、「(生徒会を)1年でやめて正解だ」とあるが、続く段落で華は、「これからは」「居場所がない感じ」「心細い」という気持ちになっている。これらをまとめよう。

↑パワーアップ

心情
小説では、登場人物の心情をとらえることが重要である。
●**心情を直接表す表現**
「…という気持ち」、「うれしい」「悲しい」「緊張《きんちょう》」「不満」など。
●**態度・動作・会話の表現**
人物の態度や動作には心情が表れる。態度や動作の表現から読み取ろう。また、**会話文には、人物の性格や心情、考え方が表れやすい。**話し手が置かれた状況《じょうきょう》が反映されている。

理由
人物の行動や心情の変化には必ず理由があるので、「…はなぜか」という理由を問う問題は頻出《ひんしゅつ》である。常に、人物の行動や心情の原因・理由を考えながら読むようにしよう。

3 ①ゆる　②お　③きんこう
④ひろう　⑤のうり
4 ①幹　②営　③役割
④統計　⑤効率
5 **エ**

参考◇慣用句

慣用句は、**二つ以上の語句で一つのまとまった意味を表す言葉**である。
馬が合う…気が合うこと。
猫《ねこ》の手も借りたい…とても忙《いそが》しいこと。
虫がいい…自分の都合だけ考えて身勝手なこと。
しっぽを出す…隠《かく》していたことがばれる。
途方《とほう》に暮れる…どうしてよいかわからなくなる。

体の一部を用いた慣用句は頻出。覚えよう。
頭が下がる／頭が上がらない／頭をかかえる
目が高い／目がない／目が回る
目に入れても痛くない／眉《まゆ》をひそめる
鼻が高い／鼻であしらう／鼻にかける
口が軽い／口がかたい／口がすべる
耳が痛い／耳が早い／寝耳《ねみみ》に水
顔が広い／顔がきく／顔から火が出る
手を切る／手をつくす／手に余る
肩《かた》を並べる／肩をもつ／肩を落とす
首をかしげる／歯が立たない／舌《した》を巻く
腹を割る／腹をかかえる／腹に据《す》えかねる
腰《こし》が低い／腕《うで》がなる／腕がいい
足が棒《ぼう》になる／あげ足を取る
など

---

2 **問1**「まったく」は副詞で、用言を修飾《しゅうしょく》する。また、打ち消しの語をともなっていているという様子を表す。完全にその状態になっているという様子を表す。

2 **問1**「まったく」は副詞で、用言を修飾《しゅうしょく》する。完全にその状態になっているという様子を表す。また、打ち消しの語をともなって完全な否定を表す。ここは「まったく見つからずに」と打ち消しの語句にかかる。
問2「指す」は「ない」を付けると「指さない」とア段になるので、五段活用の動詞。**ア**の終止形は「する」でサ変動詞。**イ**は「まねない」とエ段になるので、下一段活用。**ウ**は「笑わない」とア段になるので五段活用。**エ**は「信じない」とイ段になるので上一段活用。
問3「に」には、格助詞、接続助詞「のに」の一部、形容動詞の活用語尾、副詞の一部がある。問題文の「すでに」と**ア**の「特に」は副詞なので、「に」は副詞の一部である。**イ**「穏《おだ》やかに」は形容動詞「穏やかだ」の連用形。**ウ**「に」は「目を奪《うば》われる」という受け身の動作の出どころを表す格助詞。**エ**確定の逆接を表す接続詞「のに」の一部。
3 ①「緩」は、音読み「カン」の熟語「緩和《かんわ》」を思い浮《う》かべると「ゆる・む」が出やすい。「援」と形が似ているので注意する。③「均衡《きんこう》」は、つり合いが取れていること。
4 ②「営む」は、送り仮名を「営なむ」と誤りやすい。⑤「効率」の「率」は「卒」と書きやすいので注意する。「率(ひき)いる」という訓読みも覚えよう。
5 慣用句の問題である。選択肢《せんたくし》の慣用句の意味を考えよう。**ア**「歯が立たない」は、とてもかなわないという意味。**イ**「頭をかかえる」は、考えが浮かばず困り果てる意味。**ウ**「耳に逆らう」は、聞いて不愉快《ふゆかい》に感じるという意味。**エ**「肩身《かたみ》が狭《せま》い」は、世間に対して面《めん》目《ぼく》が立たない、ひけめを感じるという意味。

副詞
● **状態《じょうたい》の副詞**
動作や作用の状態をくわしく表す。擬態《ぎたい》語や擬声語も含《ふく》まれることに注意する。
● **程度の副詞**
状態やものの性質などの程度を表す。
● **呼応(陳述《ちんじゅつ》・叙述《じょじゅつ》)の副詞**
下に特定の言葉がくる。出題されることが多いので、覚えよう。
なぜ…か
たぶん…だろう
たとえ…ても
もし…たら
決して…ない
まさか…ないだろう
まるで…ような
ぜひ…ください

漢字の訓読み
漢字の訓読みは、日本語の意味がそのままなので、漢字の音の熟語を思い浮かべると、推測できる。

解答

1 **問1** イ
問2 ウ
問3 (例)雨水が笠の中までしみ込むことは少ないうえに、隙間があいているので通気性もいい点。

2 **問1** 鵙
問2 エ

> **参考◇俳句 季語・句切れ**
> **俳句** 五・七・五の三句十七音からなる定型詩。季語を入れることが原則。
> **季語** その季節を表すと定められている語。俳句の季節は、陰暦《いんれき》(旧暦)で考えられているので、現代の感覚とは異なるものがある。
> **間違《まちが》えやすい季語**
> 春…雪崩《なだれ》 陽炎《かげろう》
> 夏…五月晴《さつき》れ 若葉 新緑 鯉《こい》のぼり 紫陽花《あじさい》
> 秋…七夕 天の川 お盆《ぼん》 墓参り 朝顔
> 冬…七五三 木の葉 落ち葉
> **句切れ** 句の中で意味が切れているところ。**切れ字**(「や」「かな」「けり」)や、言い切りの形があるところ。

3 **問1** さすらいける
問2 翁
問3 イ

解説

1 **問1** このあとの段落に「理由」が述べられている。カサスゲの茎《くき》の断面は三角形をしている。三角形は「頑丈《がんじょう》な構造」とある。また、強靭《きょうじん》な繊維《せんい》が茎の外側を覆《おお》って頑丈さを補い、「この丈夫な繊維が、笠を編む材料として非常に適している」とある。

問2 カヤツリグサ科の植物の茎は三角形である。**ア・イ**は丸い茎の図なのであてはまらない。「丸い茎は……」で始まる段落に、「三角形の茎では中心からの距離《きょり》がまちまちになってしまうために、隅《すみ》の細胞《さいぼう》までは水が届きにくい」とある。水が届きにくい箇所《かしょ》を隅と指している**ウ**が正解。

問3 最後の二つの段落で、カサスゲの茎の優《すぐ》れている点を、プラスチックと比べて述べている。「雨のしずくは、ぬれた茎を伝って笠の外へ流れ落ちる。そのため、雨水が中までしみ込《こ》むことは少ない」、「さらに、茎を編んだ菅笠《すげがさ》には隙間《すきま》があいているので、雨を避《よ》けるだけでなく、通気性もいい」と加えている。この二つをまとめる。

2 **問1** 「鵙《もず》」は「百舌」とも書き、秋の季語。二〇センチほどの小鳥で、秋、なわ張りを主張するため、木のてっぺんなどでキーイッ、キーイッと鋭《するど》い声で鳴く。鵙の高鳴きと言われる。

問2 「書斎《しょさい》はひく《(ク)》、ありと思《も》ふ《(ウ)》」から、作者は書斎にいると思われる。鵙が鳴く秋、書斎から見る秋の「空」は高く開放的である。その空と、低くある書斎(書斎にいる自分の現状)を対比し、「思ふ」と感慨《かんがい》にひたっているさまを詠《よ》んでいる。

パワーアップ

対比 主に説明的文章において、**二つのものを比べた場合の共通点や相《そう》違《い》点が述べられている**ことがある。これを対比と言い、**片方のものの特性を強調したり、よりわかりやすく示したりするために**、別のものを引き合いに出す手法である。何と何を比較《ひかく》しているのか、共通点と相違点はどの部分であるのか、などを整理して読むようにしよう。

比喩《ひゆ》 論説文は筆者の主張を述べた文である。わかりやすく示すために、比喩(たとえ)を用いて説明していることも多い。**どの語句が、どのようなことの比喩なのかをしっかりつかみ、**それによってどのような主張につなげているのかをとらえよう。

参考◇現代語訳

連阿《れんあ》という人がいた。月を見ようと友だちを連れて、どこということもなく歩き回るが、物を背負ってやってくるおじいさんに会って、道などを問うと、（おじいさんは）「あなたたちは夜じゅう（歩いて）何の用があるのか」と問う。「武蔵野《むさしの》に出る月を見ようと江戸より参りました」と答えたところ、おじいさんは手を打って、「この年まで知らなかった、江戸には月がないようだ」と言った。

4 ウ

参考◇敬語（特定の動詞）

尊敬語　いらっしゃる・おいでになる／おっしゃる／ご覧になる／召《め》し上がる／なさる／くださる

謙譲語《けんじょう》　参る・うかがう／申す・申し上げる／拝見する／いただく／うかがう・承《うけたまわ》る

5 エ

6（例）友だちと話し合うとき一番大切なのは、話をよく聞くことだと思う。私は女子サッカー部に所属しているが、うまくなりたいので朝練習をしたかった。しかし、友だちは必要ないと言い、私は不満だった。友だちは、部活の時間に集中して練習すればよい、朝練習で疲れて授業に差しさわりが出るのはよくないと説明してくれたので、私も納得できた。話をよく聞くことが大切だと思った。（175字）

---

3 **問1**　歴史的仮名遣《かなづか》いの「ひ」を「い」に直す。

問2　文章中の会話部分をとらえよう。会話文は、「といふ」「と問ふ」など、引用を表す助詞「と」が続くことが多い。傍線《ぼうせん》部のあとには「さすらひけるか」などの省略がある。道を聞いた連阿に、「翁《おきな》」は「あなたたちは何の用があって夜じゅう歩いているのか」と尋《たず》ねたのである。

問3　文章の最後に、「翁手をうちて、……、と云《い》ひけり」とある。「と云ひけり」で受けている会話部分「此《こ》の年迄《まで》知らざりけり、江戸には月なきなめり」に合うのは、**イ**である。

4 敬語は、だれの動作・行為《こうい》であるかに着目する。

ア「拝見する」は「見る」の謙譲語。「見る」という行為をするのは相手なので、尊敬語を使うべきである。

イ「申す」は「言う」の謙譲語。「言った」のは「あなた」なので、尊敬語を使うべきである。

ウ「まいる」は「行く」の謙譲語。「行く」のは「私」なので、正しい使い方である。

エ「召し上がる」は「食べる」の尊敬語。「食べた」のは「兄」で身内なので、尊敬語は使わない。

5 四字熟語の問題である。「温厚篤実《おんこうとくじつ》」は、穏《おだ》やかで誠実であること。人柄《ひとがら》を言う場合に使われる。選択肢《せんたくし》の語は、**ア**「和洋折衷《せっちゅう》」（日本と西洋との様式を取り混ぜること）、**イ**「質素倹約《けんやく》」（節約してつつましく生活すること）、**ウ**「千載一遇《せんざいいちぐう》」（めったにないよい機会であること）の四字熟語をつくる。

6「友だちと話し合うとき一番大切だと思うこと」をまず書く。次に「そのように考えた理由」を書くのだが、「具体的な例や体験」を書かなければならない。

歴史的仮名遣い

語頭以外の「ハ行」は、現代仮名遣いでは「わ・い・う・え・お」となる。「ゐ・ゑ・を」は「い・え・お」に、「ぢ・づ」は「じ・ず」になるなど、現代仮名遣いに直すルールを確《かく》認《にん》しておこう。

敬語

敬語には、尊敬語、謙譲語、丁寧《ていねい》語、美化語がある。**だれの動作・行為《こうい》に使われているのか**をとらえるのが大切である。

尊敬語…動作・行為をする人を高める。

「お(ご)…になる」・「…れる・られる」・特定の動詞

謙譲語…自分がへりくだって相手を高める。

「お(ご)…する」・特定の動詞

丁寧語…丁寧な言葉遣い。「…ます」「…です」

美化語…「お・ご」を付ける。「お酒」「ご飯」

入試に役立つ必修事項

■文法の基本■　**口語用言の活用表**

★動詞の活用表

基本形	語幹	未然形	連用形	終止形	連体形	仮定形	命令形	活用の種類
読む	よ	─ま ─も	─み ─ん	─む	─む	─め	─め	五段活用
起きる	お	─き	─き	─きる	─きる	─きれ	─きろ ─きよ	上一段活用
乗せる	の	─せ	─せ	─せる	─せる	─せれ	─せろ ─せよ	下一段活用
来る	○	こ	き	くる	くる	くれ	こい	カ行変格活用
する	○	し せ さ	し	する	する	すれ	しろ せよ	サ行変格活用
主な続き方		ナイ ウ ヨウ	マス タ テ	（言い切る）	トキ コト	バ	（言い切る）	

★形容詞の活用表

基本形	語幹	未然形	連用形	終止形	連体形	仮定形	命令形
高い	たか	─かろ	─かっ ─く	─い	─い	─けれ	○
正しい	ただし						
主な続き方		ウ	タ ナイ ナル	（言い切る）	トキ コト ノ	バ	

★形容動詞の活用表

基本形	語幹	未然形	連用形	終止形	連体形	仮定形	命令形
静かだ	しずか	─だろ	─だっ ─で ─に	─だ	─な	─なら	○
静かです	しずか	─でしょ	─でし	─です	（─です）	○	○
主な続き方		ウ	タ ナイ ナル	（言い切る）	トキ コト ノ	バ	

★ポイント

▼六つの活用形を漢字で書けるようにする。
▼主な続き方を覚えよう！
▼活用の仕方を覚えよう！
カ変は「来る」、サ変は「する」「～する」のみなので、しっかり覚えておこう。
▼カ変・サ変以外の動詞の活用は「ナイ」を付けて見分ける。
読**ま**ない　ま（ア段の音）→五段活用
起**き**ない　き（イ段の音）→上一段活用
乗**せ**ない　せ（エ段の音）→下一段活用